DIEDERICHS GELBE REIHE

herausgegeben von Michael Günther

W0074237

Elvira Friedrich

Yoga
Der indische Erlösungsweg

Das klassische System und seine Hintergründe

Eugen Diederichs Verlag

Vordere Umschlagseite: Asket in yogischer Positur; Ausschnitt aus einem Felsrelief in Mahābalipuram, Südindien.

Die Deutsche Bibliothek – CIP-Einheitsaufnahme
Friedrich, Elvira:
Yoga, der indische Erlösungsweg : das klassische System und seine Hintergründe / Elvira Friedrich. – München : Diederichs, 1997
(Diederichs Gelbe Reihe ; 138 : Indien)
ISBN 3-424-01378-1

© Eugen Diederichs Verlag, München 1997
Alle Rechte vorbehalten

Umschlaggestaltung: Zembsch' Werkstatt, München
Produktion: Tillmann Roeder, München
Satz: Fotosatz Otto Gutfreund, Darmstadt
Druck und Bindung: Pressedruck Augsburg
Printed in Germany

ISBN 3-424-01378-1

Inhalt

»Das Selbst ist der Herr des Wagens, wisse, der Körper aber der Wagen; der Verstand ist der Wagenlenker, wisse, und das Denken eben die Zügel. Die Sinne, sagt man, sind die Pferde, die Sinnesobjekte ihre Laufbahn [...]«

Kaṭha-Upaniṣad 3.3. und 4a

Vorwort

In den ersten nachchristlichen Jahrhunderten hat sich in Indien der Yoga entwickelt. Er bildet ein komplexes System von sittlichen, physischen und psychischen Übungen, welche die Befreiung aus dem Leiden in der Welt und die Erlangung der Unabhängigkeit zum letzten Ziel haben. Jahrhundertelange Beobachtungen kosmischer Zusammenhänge und der menschlichen Psyche faßten indische Denker zu einem faszinierenden Entwurf zusammen, wobei sie stets die Bedürfnisse und Wünsche des einzelnen berücksichtigten und den Menschen im Zusammenhang mit seinen Stärken und Schwächen verstanden. Ein Anhänger des Yoga lernt das richtige Verhalten in der Gesellschaft und wird im Verlauf der Übungen schrittweise zur Beherrschung und Erkenntnis seiner selbst geführt. So gelangt der Schüler immer wieder zu neuen Einsichten, die eigene Erfahrungen besser verstehen und Zusammenhänge erkennen lassen. Er lernt, Wesentliches von Unwesentlichem zu unterscheiden, und beginnt, sein Bewußtsein einerseits als Hindernis, andererseits als Zugang zu dem Weg zu begreifen, an dessen Ende die Unabhängigkeit steht.

Beachtung fand die Lehre zunächst in ihrer Heimat und später auch über Indiens Grenzen hinaus. Über die Anhänger des Yoga kursieren unterschiedliche Vorstellungen, sie werden entweder als Menschen mit übernatürlichen Kräften oder als einsame Asketen betrachtet. Bereits Marco Polo (1254–1324), der bedeutende Reisende des Mittelalters, berichtet von einer Gruppe außergewöhnlicher Männer, die es in Indien gebe. Er schreibt, daß sie ein asketisches Leben führen und ausgesprochen lange leben. Diese Leute müssen den Venezianer sehr beeindruckt haben, was einerseits ihr eigentümliches Aussehen bewirkt haben dürfte, denn er beschreibt sie als Männer, die manchmal vollkommen nackt durch die Lande ziehen. Andererseits aber haben ihn wohl auch die Erzählungen von ihren außergewöhnlichen Fähigkeiten in Erstaunen versetzt und seine Neugierde geweckt. Marco Polo nennt sie »Chughi«, vielleicht handelt es sich um eine Verballhornung des Wortes Yogin, womit meist Anhänger des Yoga bezeichnet werden.

Heutzutage finden sich in den indischen Medien immer wieder Berichte über Yogins, die sich für Wochen in einen luftdichten Raum einschließen lassen und anschließend ohne merkliche Schäden ihrem selbstgewählten Gefängnis entsteigen. Manchmal erregen auch Männer Aufsehen, die behaupten, durch die Lüfte fliegen oder sich zur gleichen Zeit an zwei Orten aufhalten zu können. Da es der Yoga aber verbietet, solchen übernatürlichen Kräften nachzustreben, handelt es sich wohl kaum um seine wahren Anhänger. Sicher ist allerdings, daß gerade solche Geschichten die Neugier vieler Menschen im Westen geweckt haben. Die romantische Verklärung Asiens hat auch Indien zu einem Wunderland gemacht, zu dem Berichte über zauberkräftige Männer gut passen. Marco Polo war nicht der einzige Reisende, der ein märchenhaftes Bild von einer unbekannten, fernen Welt nach Hause brachte. Lange Zeit war das Interesse an Indien und seinen Weisheiten schwärmerischer Natur – und ist es in mancherlei Hinsicht bis heute geblieben.

Yogins heißen aber auch Menschen, die ihr ganzes Leben in Zurückgezogenheit den vorgeschriebenen Übungen widmen. Ihr Lehrer ist oft die einzige Person, mit der zusammen sie den Yoga praktizieren. Sie zeichnen sich durch Gleichmut und innere Ruhe aus, bekannt ist ihre kaum vorstellbare Körperbeherrschung, die es ihnen erlaubt, selbst in schwierigsten Posituren lange Zeit ausharren zu können. In indischen Berichten wird ihnen ein großes Maß an Weisheit zugesprochen, und weite Teile der

Bevölkerung verehren sie. Dieses Bild wird den Anhängern des klassischen Yoga eher gerecht. Wer den Yoga als Weg zu höchster Erkenntnis übt, wird dies in der Einsamkeit unter Anleitung eines Lehrers tun, der ihm nicht allein Techniken vermittelt, sondern den ganzen Menschen betreut.

Die Lehre des Yoga besteht aus kosmologischen, psychologischen und ethischen Elementen, die eine lange Tradition in der indischen Geisteswelt besitzen und bis in die früheste Zeit der indischen Überlieferung zurückverfolgt werden können. Kaum ein Bereich der indischen Kultur erfreut sich bei uns ähnlicher Beliebtheit wie der Yoga, doch sind Darstellungen selten, die der Komplexität des Themas gerecht werden, ohne sich in Detailproblemen zu verlieren.

Das vorliegende Buch gibt eine Einführung in das klassische System des Yoga, wie es von Patañjali gelehrt wurde. Dies ist Voraussetzung für jede weitere Entwicklung des Yoga, und alle seine späteren Formen lassen sich darauf zurückführen. Der erste Teil stellt die Voraussetzungen des Yoga dar und zeigt ihre Verwurzelung in der indischen Tradition. Der zweite Teil erläutert die Lehre des mit dem Yoga eng verbundenen Sāṃkhya und bietet eine deutsche Übersetzung der Sāṃkhyakārikā von Īśvarakṛṣṇa (Abk. SK), des Textes, in dem das klassische System zusammengefaßt ist. Das Sāṃkhya gehört, wie auch der Yoga, zu den sechs philosophischen Systemen; einige Gelehrte betrachten den Yoga sogar als eine Schule des Sāṃkhya. Im dritten Teil werden Lehre und Praxis des Yoga dargelegt; eine Übersetzung des Yogasūtra von Patañjali (Abk. YS) schließt sich an. Die Darstellung der Lehre hält sich möglichst eng an die Texte: immer wieder wird auf die beigefügten Übersetzungen Bezug genommen. Sie sind von der Autorin nach Konsultation bereits vorliegender neu angefertigt worden und halten sich, soweit möglich, wortgetreu an die Originale.

I. Einleitung

1. Yoga: Wort und Begriff

Yoga (m.) ist ein Sanskritwort und heißt im Deutschen wörtlich »Joch«, ist im Zusammenhang aber meist zu übersetzen mit »Übung«, die Anstrengung und Ausdauer verlangt und sich auf ein religiöses Ziel richtet. Die Etymologie des Wortes ist eindeutig: »Yoga« leitet sich von der Wurzel YUJ ab, die die Bedeutung »binden, anschirren, anspannen, ins Joch spannen« hat. Auch das lateinische »iugum« und das deutsche »Joch« sind damit verwandt.

Der Schüler oder der Ausübende des Yoga heißt Yogin. Im alten Indien blieben religiöse Übungen weitgehend den Männern vorbehalten – auch der Yoga. Daher kommt es, daß die weibliche Form von Yogin, nämlich Yoginī, in alten Texten die Bedeutung Hexe oder Fee hat. Ferner wird jedes weibliche Wesen, das mit einer bestimmten Zauberkraft ausgestattet ist, als Yoginī bezeichnet. Eine Yoginī ist aber keinesfalls eine Frau, die bei einem Lehrer den Yoga übt.

Die Wortbedeutung von Yoga führt bereits zu einem Aspekt des Übens hin, daß es nämlich für den, der sein Leben danach ausrichten will, eine Anstrengung bedeutet. Er muß sich ins Joch spannen wie das Zugtier, das eine Last zu ziehen hat. In diesem metaphorischen Gebrauche besitzen viele indische Religionen ihren Yoga. Insoweit ist der Begriff nicht systemspezifisch. Das gleiche Wort taucht in Texten verschiedener Religionen Indiens durch alle Epochen der Geistesgeschichte hindurch auf. Hierbei bezeichnet Yoga das »Joch«, das der religiöse Mensch auf sich nimmt, indem er sich verschiedenen Übungen unterzieht, um zum Ziel der Erlösung zu gelangen, das unterschiedlich formuliert sein kann. Der Begriff »Yoga« in dieser allgemeinen Bedeutung ist scharf zu trennen von der Bezeichnung eines spezifischen Erlösungsweges, dem »klassischen Yoga«.

In den ersten nachchristlichen Jahrhunderten entwikkelte sich ein System, das die Erlösung des Selbst mittels einer systematisierten Reihe von Übungen zum Ziel hatte. In dieser Richtung treten die Übungen in den Vordergrund und verleihen ihr sogar ihren Namen: der Yoga. Hier ist der Begriff »Yoga« Bezeichnung für ein komplexes Lehrsystem einer bestimmten Schule geworden, das gleichzeitig einen Erlösungsweg bietet. Auf der Grundlage psychologischer Betrachtungen und den sich daraus ergebenden Möglichkeiten zur Klärung des Bewußtseins werden dem Schüler Wege zur Selbstfindung erschlossen.

2. Sechs Erlösungssysteme

Als Lehrsystem ist der Yoga eines von insgesamt sechs Systemen, die im ersten nachchristlichen Jahrtausend als verschiedene Sichtweisen (*darśana* n.) einer erlösungsbezogenen Lehre entstanden sind. Diese sechs – sie heißen Nyāya, Vaiśeṣika, Sāṃkhya, Yoga, Mīmāṃsā und Vedānta – gelten als »orthodox«, da sie die heiligen Texte des Veda nicht ablehnen, im Gegensatz zu den »nichtorthodoxen« Systemen der Buddhisten und Jainas. Den meisten der Sichtweisen liegt ein gemeinsames Weltbild zugrunde: Sie setzen voraus, daß das Leben mit ständigem Leiden verbunden ist, dem man durch aufeinanderfolgende Wiedergeburten ausgesetzt ist. Das Ziel der Erlösung vom Leiden verfolgen sie mit unterschiedlichen Methoden.

Lehrsystem	*Nyāya*	*Vaiśeṣika*	*Sāṃkhya*
Grundtext	Nyāyasūtra	Vaiśeṣika-sūtras	Sāṃkhya-kārikā
Autor	Akṣapāda Gautama	Ulūka Kaṇāda	Īśvarakṛṣṇa

Lehrsystem	*Yoga*	*Mīmāmsā*	*Vedānta*
Grundtext	Yogasūtra	Mīmāṃsā-sūtra	Brahmasūtras
Autor	Patañjali	Jaimini	Bādarāyaṇa

Tafel 1: Sechs Lehrsysteme

Die sechs Sichtweisen stützen sich auf Texte, deren Autorschaft dem legendären Gründer des betreffenden Systems zugesprochen wird. Sie bestehen aus knappen Sätzen, manchmal nur Satzteilen, die als Merksprüche für das Auswendiglernen geeignet waren. Auf diesen Grundtexten, die maßgeblich den Inhalt der klassischen Systeme wiedergeben, baut eine reiche Kommentarliteratur auf, deren Tradition bis in die Gegenwart hinein fortgeführt wird. Die klassischen Systeme im einzelnen:

1. Nyāya (»Logik«) basiert auf einer Naturphilosophie und sieht die Logik als Grundlage zur Erlösung an. Gründer war der legendäre Lehrer Akṣapāda Gautama, dem der Grundtext Nyāyasūtra zugeschrieben wird.

2. Vaiśeṣika (»Schule der Eigentümlichkeiten«) entspricht weitgehend dem Nyāya, jedoch beschäftigen sich seine Lehrer insbesondere mit der Physik. Ulūka Kaṇāda gilt als der Gründer. Er geht davon aus, daß sich die gesamte Natur in Atome aufspalten läßt und sich dadurch gänzlich vom Selbst unterscheidet. Die Atome bestehen ewig und trennen sich am Ende eines Lebens des Gottes Brahman, wodurch sich die Welt auflöst. Zu Beginn eines neuen Brahman-Lebens setzen sie sich wieder zusammen, und ein neuer Weltenablauf beginnt. Die Erlösung des einzelnen aus dem Kreislauf wird durch das Wissen um den Unterschied zwischen der aus Atomen zusammengesetzten Welt und dem Selbst ermöglicht.

3. Sāṃkhya (»Zählung«) geht von einer Dualität von Urnatur und Selbst aus. Das Sāṃkhya lehrt, daß die Erlösung erreicht wird, wenn der Anhänger des Systems diese Dualität erkennt. Sein legendärer Gründer ist der Weise Kapila.

4. Yoga (»Übung«) lehrt, ähnlich dem Sāṃkhya, die Dualität von Urnatur und Selbst. Er stellt drei Wege vor, die zur Erkenntnis der Dualität führen. Patañjali ist Kompilator des Yogasūtra, des klassischen Grundtextes des Yoga.

5. Mīmāṃsā (»Erörterung«) zielt eher indirekt auf die Erlösung ab, hier geht es um die Darstellung der Ewigkeit und Absolutheit des Veda. Das älteste Werk dieser Schule soll Jaimini verfaßt haben.

6. Vedānta (»Vollendung des Veda«): Von Bādarāyaṇa stammen die dem Vedānta zugrundeliegenden Texte, die

Brahmasūtras. Das System basiert auf den Upaniṣads, Texten zur Opfermystik und priesterlicher Philosophie. Sein wichtigster Lehrer war Śaṅkara im 8. Jahrhundert n. Chr., der zahlreiche Kommentare zu den Brahmasūtras und einigen Upaniṣads verfaßte. Nach Śaṅkara führt Meditation zu der Erkenntnis, daß die einzige Realität – die Welt betrachtet er als Illusion – die Weltseele Brahman sei, mit welcher wiederum die Einzelseelen identisch seien.

Mīmāṃsā, Nyāya, Vaiśeṣika und Sāṃkhya sind Erlösungssysteme, die die Existenz eines Gottes nicht voraussetzen. Dagegen gelten Vedānta und Yoga als theistisch.

Bei einer Betrachtung des klassischen Yoga-Systems können wir uns nicht ausschließlich auf dieses eine System beschränken. Bereits im Epos Mahābhārata wird deutlich, daß der Yoga keinesfalls als selbständiges System angesehen wird, sondern in enger Verbindung mit einem zweiten steht, dem Sāṃkhya. Dort heißt es:

> Vom Sāṃkhya und vom Yoga einzeln sprechen die Einfältigen, nicht die Weisen; wer eines nur richtig ausübt, von beiden erhält er die Frucht. Welcher Stand von den Anhängern des Sāṃkhya erreicht wird, der wird auch erlangt von den Anhängern des Yoga; wer als eines das Sāṃkhya und den Yoga sieht, der sieht.[1]

Die enge Verbindung zwischen Yoga und Sāṃkhya wird auch darin deutlich, daß manche Lehrer dieser Systeme den Yoga »theistisches Sāṃkhya« nennen. Damit ist gemeint, daß beide grundsätzlich identisch seien und sich nur im Hinblick auf die Gottesidee unterscheiden. Im Gegensatz zum atheistischen Sāṃkhya bezieht nämlich der Yoga eine göttliche Macht (*īśvara* m.) in seine Lehre ein; ihr kommt aber insofern keine vorrangige Bedeutung zu, als sie nur in einem der drei im Yogasūtra beschriebenen Heilswege den Meditationsgegenstand darstellt, von dem aus die entscheidende Erkenntnis gewonnen wird. Diesen einen Weg mag man immerhin theistische Variante des Yoga nennen.

Die Bezeichnung »theistisches Sāṃkhya« für den Yoga als umfassendes System greift jedoch zu kurz. Wenn auch Ansatz und Ziel beider Systeme grundsätzlich gleich sind, so liegen ihre Schwerpunkte doch auf anderen Gebieten: Das Sāṃkhya untersucht den Prozeß, durch den der Mensch die Dinge der Außenwelt wahrnimmt, und setzt ihn mit einem Schöpfungsablauf gleich. Durch die Wahrnehmung der Welt ist der einzelne an das Leid gebunden; von dieser Grundlage ausgehend wird zugleich die Möglichkeit aufgezeigt, dem Leid zu entfliehen. Der Yoga hingegen baut auf manchen im Sāṃkhya gegebenen Einsichten auf und erläutert nur knapp den theoretischen Hintergrund – hier geht es vornehmlich um die Heilswege. Das Sāṃkhya bietet vor allem eine theoretische Grundlage zur Erklärung alles Werdens, der Yoga die Wege aus dem ewig sich wiederholenden Werden. Ziel des Sāṃkhya und des Yoga ist Erlösung (*mokṣa* m.) des einzelnen, damit er dem Geburtenkreislauf (*saṃsāra* m.) und dem mit ihm einhergehenden Leiden entkommt.

Das Sāṃkhya geht aus von der Dualität von Urnatur und Selbst. Obwohl sie prinzipiell gegensätzlich sind, erscheinen sie den Lebewesen als miteinander verbunden, wodurch sie an das Leiden der Welt gebunden sind. Wenn die scheinbare Verbindung gelöst ist, kann der Mensch dem Leiden entfliehen. Aber auf der anderen Seite kann auch nur diese Verbindung zwischen Natur und Selbst bewirken, daß der Mensch dem fortwährenden Geburtenkreislauf entkommt. Der Yoga bietet psycho-physische Methoden zur Erlangung des Zieles. Meditation erweist sich im klassischen Yoga-System als zentrale Übung und einzige Möglichkeit, den Unterschied zwischen Natur und Selbst zu schauen und damit ihre Verbindung aufzulösen.

Beide Systeme haben sich im Laufe der Jahrhunderte weiterentwickelt und verändert. Physische Übungen wie Körperhaltungen und Atemtechniken wurden im weiteren Verlauf in den Mittelpunkt gestellt, während die geistigen

Übungen in den Hintergrund traten. Doch im 19. Jahrhundert erlebte die klassische Lehre des Yoga eine Renaissance. Die physischen Übungen verloren nun ihre Bedeutung und wurden wiederum lediglich als Vorbereitung für den »königlichen Yoga«, d.h. für die Meditation betrachtet.

Auch heute noch wird der Yoga von zahlreichen Anhängern in verschiedenen Formen geübt. Nach wie vor bleibt jedoch der klassische Yoga zusammen mit dem Sāṃkhya Voraussetzung für alle praktizierten Formen des Yoga.

3. Das indische Schrifttum und seine zeitliche Einordnung

Unser Wissen über die Systeme stammt aus den indischen Schriften. Für die Untersuchung und Beschreibung von Sāṃkhya und Yoga müssen die entsprechenden Texte herangezogen, geprüft und miteinander verglichen werden. Eine exakte Datierung der Schriften ist nicht möglich, was nur eine grobe zeitliche Einteilung der einzelnen Systeme erlaubt. Im alten Indien gab es nicht, wie in anderen Hochkulturen, eine Tradition der Geschichtsschreibung. Während sich Historiker im Fall von Kleinasien, China oder der islamischen Welt auf exakte Daten stützen können, sind nur wenige Jahreszahlen der alten indischen Geschichte bekannt. Aus der vorchristlichen Zeit ist lediglich der Indienfeldzug von Alexander dem Großen (327–325 v. Chr.) sicher datiert, aus der nachchristlichen Zeit liefern erst islamische Geschichtsschreiber wieder genaue Angaben. Nachdem im Jahre 637 erstmals der Islam in Indien Fuß zu fassen versuchte, stehen mehr und mehr historische Daten fest. Das Fehlen einer absoluten Chronologie erschwert natürlich auch die zeitliche Einordnung der überlieferten Texte. Philologische Studien ermöglichen zwar eine ungefähre Chronologie, eine genaue Datierung aber blieb bislang unmöglich. Gerade die Ursprünge des Yoga sind in den frühesten Texten des indischen Kulturraumes zu suchen.

Die Vedas und ihre Begleittexte

Die ältesten überlieferten Texte des indischen Subkontinents entstanden vermutlich um 1200 v. Chr. nach der Einwanderung indoeuropäischer Stämme aus dem Nordwesten. Die Einwanderer selbst nannten sich Āryas, »Edle«. Ihre Texte wurden mündlich tradiert, es sind vier Liedsammlungen (*saṃhitā* f.), die vier Vedas. Die älteste

Sammlung ist der Ṛgveda, auf ihn folgen der Sāmaveda, der Yajurveda und der Atharvaveda. Man nimmt an, daß die Hymnen gegen Ende des 2. Jahrtausends v. Chr. abgefaßt worden sind.

Das Sankritwort Veda heißt im Deutschen »Wissen«. Die Vedas gelten als ewig und heilig, sie sind das »heilige Wissen«, welches Allmacht beansprucht und ewig wirkt. Der Wortlaut der Texte wurde angeblich den Priestern im Trance-Zustand eingegeben. Die Texte sind in vedischem Sanskrit verfaßt. Es unterscheidet sich vom späteren klassischen Sanskrit durch einen größeren Formenreichtum und eine Akzentsetzung, die bewirkt, daß die Worte eher gesungen als gesprochen wurden. Unter Strafandrohung war es verboten, die heiligen Worte vor Unbefugten zu rezitieren. Kam es vor, daß jemand aus den unteren Schichten beobachtet wurde, wie er Verse aus dem Veda zitierte, wurde er hart bestraft. Zumeist beinhalten die Vedas Anrufungen der Götter, die gerade bei den Opfern von Bedeutung waren.

Opfer spielten im Leben eines religiösen Menschen der vedischen Zeit eine große Rolle. Durch sie versuchte man, die Götter gnädig zu stimmen, und bat mit ihrer Hilfe um Nachkommen, reiche Ernte und langes Leben. Die Riten führten immer vier Priester aus. Sie allein konnten das Opfer verrichten, da niemand sonst berechtigt war, den Veda zu rezitieren. Er war wegen seiner Heiligkeit für das Gelingen des Opfers notwendig. Einer der Priester rezitierte den Ṛgveda, um die Götter anzurufen und zu preisen. Der zweite Priester begleitete das Opfer durch ständiges Murmeln des Sāmaveda. Der dritte Priester führte unter Aufsagen des Yajurveda die Handgriffe aus, und der vierte Priester war zum Schutz des Opfers anwesend. Er überwachte die Tätigkeiten der drei anderen, damit keine Silbe falsch gesprochen und kein Handgriff falsch ausgeführt wurde. Dadurch wäre das Opfer sinnlos geworden, denn der Veda hätte seine Heiligkeit eingebüßt.

Zum vedischen Schrifttum werden zahlreiche Erläuterungsschriften gezählt, die in der ersten Hälfte des vorchristlichen Jahrtausends entstanden. Zu jedem Veda sind eigene Brāhmaṇas, Āraṇyakas und Upaniṣads verfaßt worden. Die Brāhmaṇas schildern die einzelnen Opferhandlungen und deuten sie, untermauert von Mythen und Erzählungen. In den Āraṇyakas geht es um Opfermystik. Beide Textgruppen sind in Prosa gehalten, ebenso die meisten Upaniṣads. Sie behandeln, über das Opferwesen hinausgehend, philosophische Themen.

Das Mahābhārata

Einer späteren Zeit gehört das Epos Mahābhārata an. Es handelt sich um eine Sammlung von Erzählungen, die, in eine Rahmengeschichte eingebettet, durch die Jahrhunderte hindurch gewachsen ist. Die Zeit der Endredaktion ist höchst unsicher: Sie kann nicht früher als das 4. Jh. v. Chr. und nicht später als das 4. Jh. n. Chr. stattgefunden haben.

Das Mahābhārata erzählt von den fünf Söhnen des Pāṇḍu und ihren Feinden, den hundert Söhnen des Dhṛtarāṣṭra. Ein Teil des Mahābhārata besteht aus philosophisch-religiöser Lehrdichtung. Bedeutung für die Entwicklung des Yoga besitzen zwei frühe Abschnitte des Mahābhārata – das Mokṣadharmaparvan (»Vorschriften zum Zwecke der Erlösung«) und die Bhagavadgītā (»Lied an den Erhabenen«). Das Mokṣadharmaparvan besteht aus langen Dialogen über den Ursprung der Schöpfung, das Entstehen von Welt und Seele, die Bindung an den Geburtenkreislauf und über die Pflichten, deren Befolgung zur Erlösung führt und die Seele aus dem Körper befreit. Die berühmte Bhagavadgītā beinhaltet einen Dialog zwischen dem Gott Kṛṣṇa und Arjuna, einem Sohn des Pāṇḍu. Das Gespräch findet unmittelbar vor der Schlacht der verfeindeten Parteien statt. Kṛṣṇa erklärt dem zögerlichen Arjuna, daß es seine Pflicht sei, gegen die Feinde zu kämpfen und sie zu besiegen. Das führt zu einer langen Lehrrede, in der Kṛṣṇa die Normen der einzelnen Stände und Lebensabschnitte erläutert, die zur Erlösung führen.

Die Texte der Lehrsysteme

Die Lehrsysteme sind in Grundtexten überliefert. Für die Darstellung des Yoga sind in erster Linie die Yoga- und Sāṃkhya-Texte von Bedeutung. Das klassische Sāṃkhya ist zusammengefaßt in der Sāṃkhyakārikā (»Lehrgedicht zum Sāṃkhya«) des Īśvarakṛṣṇa (um 400); der klassische Yoga liegt vor im Yogasūtra (»Leitfaden zum Yoga«) des Patañjali (zwischen 400 und 500). Beide Texte zeichnen sich durch einen knappen Stil aus, der ohne Kommentar kaum zu verstehen ist. Aus diesem Grunde wurden seit frühester Zeit beide kommentiert. Die Kommentare erläutern die Grundtexte, indem sie für verschiedene Worte Synonyme bieten, Beispiele anführen oder andere Textstellen zitieren, deren Quellen oft nicht mehr eruiert werden können. Manche Interpretationen entwickeln eigene Gedanken des Grundtextes weiter, dies wohl meist im Zusammenhang zeitgenössischer Auseinandersetzungen. Sowohl zur Sāṃkhyakārikā als auch zum Yogasūtra sind zahlreiche Kommentare verfaßt worden. Um eine Vorstellung von der Fülle der exegetischen Literatur zu geben, seien im folgenden die Kommentare zu beiden Texten genannt, die im ersten nachchristlichen Jahrtausend entstanden.

Der älteste Kommentar zur Sāṃkhyakārikā ist die Suvarṇasaptati. Ihr Verfasser und ihre genaue Entstehungszeit sind unbekannt; sie wurde Mitte des 6. Jahrhundert ins Chinesische übersetzt. Die Sāṃkhyavṛtti, die Sāṃkhyasaptativṛtti sowie das Bhāṣya von Gauḍapāda entstanden zwischen 500 und 600; etwa hundert Jahre später verfaßte ein unbekannter Autor die Yuktidīpikā. Zwischen 700 und 800 entstanden die Jayamaṅgalā eines unbekannten Autoren und die Māṭharavṛtti, benannt nach ihrem Verfasser Māṭhara. Ein weiterer Kommentar mit dem Namen Tattvakaumudī von Vācaspatimiśra stammt aus der Zeit zwischen 850 und 975. Die Liste ließe sich fortsetzen. Wichtige Übersetzungen sind die deutsche der Sāṃkhyakārikā mit Vācaspatis Tattvakaumudī von Richard Garbe und die englische der Sāṃkhyakārikā von Gerald J. Larson.

Vermutlich aus dem 6. oder 7. Jahrhundert stammt der älteste überlieferte Kommentar zum Yogasūtra, das Sāṃkhyapravacanabhāṣya von Vyāsa. Nach 700 erläuterte Śaṅkarabhagavat den Text im Yogasūtrabhāṣyavivaraṇa. Der gleiche Vācaspatimiśra, der einen Kommentar zur Sāṃkhyakārikā verfaßte, schrieb zwischen 850 und 975 die Tattvavaiśāradī, einen Subkommentar zum Yogasūtra. Aus der Zeit nach 1000 gibt es noch weitere Kommentare. Zahlreiche Übersetzungen des Yogasūtra von Patañjali liegen vor, wissenschaftlich fundiert ist die englische mit den Kommentaren Sāṃkhyapravacanabhāṣya und Tattvavaiśāradī von James Haughton Woods.

4. Allgemeine Auffassungen

Viele der allgemeinen indischen Auffassungen unterscheiden sich grundlegend von denen der westlichen Welt. Dazu gehört die Vorstellung von der Wiedergeburt und ihren Gründen, von der Existenz des Brahman und des Ātman, ebenso der Glaube an den Zusammenhang zwischen Unwissenheit und Verstrickung in den Wiedergeburtskreislauf auf der einen Seite und an den Zusammenhang zwischen Wissen und Erlösung auf der anderen. Diese allgemeinen Vorstellungen finden sich in ähnlicher Form in allen indischen Religionen wieder. Hinduismus, Buddhismus und Jainismus setzen das Leid in der Welt, die Wiedergeburt und als Ziel die Erlösung voraus, ziehen dann aber unterschiedliche Konsequenzen daraus und entwickeln eigene Vorstellungen darüber, wie dem Leid in der Welt zu entkommen sei. Ebenso verhält es sich mit den orthodoxen Systemen, darunter auch Sāṃkhya und Yoga. Die Anfänge der von fast allen indischen Schulen geteilten Auffassungen finden sich in den alten vedischen Texten.

Wiedergeburt

Nach indischer Auffassung besteht der Kosmos aus verschiedenen Himmelswelten, in denen die Götter hausen, der Erde als Heimat der Lebewesen und verschiedenen Stufen von Höllenwelten. Schon im ältesten der vier Vedas findet sich die Vorstellung, daß die Götter nicht ewig leben und nicht Schöpfer des Weltalls sind, sondern erst mit ihm entstanden.[2] Entsprechend der Lehre von den guten und schlechten Werken, welche die Lebensform bei der Wiedergeburt bestimmen, kann eine Seele für begrenzte Zeit auch die Gestalt eines Gottes einnehmen.

Bereits das vedische Textkorpus beinhaltet Vorstellungen von der Wiedergeburt, wobei es allerdings keine einheitliche Auffassung vom Leben nach dem Tod gibt. Solange der Mensch im Geburtenkreislauf gefangen ist, verläßt seine Seele den Körper zum Zeitpunkt des Todes, um in einem neuen Körper wiederzuerscheinen. Diese Wanderung von einem in den anderen Körper wiederholt sich so lange, bis eine religiöse Erkenntnis gewonnen ist, die zur Befreiung führt. Es ist religiöses Ziel, der Wanderung zu entkommen. Jede neue Wiedergeburt dient dazu, diesem Ziel näher zu kommen. Der Geburtenkreislauf wird also nicht als tröstlich, sondern als verhängnisvoll empfunden.

Der Verstorbene geht nach seinem Tod ins Reich des Todesgottes Yama ein. In einer Erzählung heißt es, daß auch in dessen Reich der Tote sterben und als Mensch auf der Erde wiedergeboren werde. Dies wiederholt sich so lange, bis er das Glück hat, gerade dann an der Pforte zum Jenseits zu stehen, wenn der Riegel vor dem Himmelstor geöffnet wird.[3] Nun erst wird ihm die Möglichkeit eröffnet, in die Himmelswelt zu gelangen, in der die Eingelassenen nicht mehr sterben wie in Yamas Reich. Doch hat der Verstorbene keinen Einfluß darauf, ob das Tor geöffnet oder geschlossen ist. Falls es offensteht, wird dem Ankömmling vor der Tür zunächst eine Frage gestellt. Kann er sie nicht beantworten, so kommt er in Yamas Reich. Kann er sie aber beantworten, darf er eintreten und gelangt in die Himmelswelt, womit er dem Geburtenkreislauf entkommen und erlöst ist. Bevor er über die Schwelle in das Himmelsreich treten kann, durchläuft er demnach zahlreiche Wiedergeburten. Wie viele Wiedergeburten es sein werden, hängt zuerst davon ab, ob die Himmelspforte geöffnet ist, und dann, ob der Verstorbene die richtige Antwort auf die Frage vor der geöffneten Himmelspforte kennt. Hier ist Wissen erforderlich, um Zutritt zu der paradiesischen Welt zu erlangen. Es gibt aber auch andere Möglichkeiten:

In einem Lied für die Toten, das zum Ritus der Leichenverbrennung gehört, singt der Priester:

> Die durch Kasteiung unbezwingbar wurden, die durch Kasteiung zum Sonnenlicht gegangen sind, die die Kasteiung zu ihrer Herrlichkeit gemacht haben, auch zu diesen soll er gelangen. Zu den Kasteiung übenden Sehern, o Yama, zu den durch Kasteiung [Neu]geborenen soll er gelangen![4]

Heilige Männer, die Seher, können durch Übungen in ein Reich des Sonnenlichts gelangen. Da diese Verse in einem Totenritus gebraucht werden, handelt es sich offenbar um eine als anstrebenswert empfundene Region des Jenseits. Der Weg dorthin besteht aus Kasteiungen, zu denen asketische Übungen wie Stehen oder Sitzen in der prallen Sonne, Schweigen, Fasten und Keuschheit zählen. Einerseits wird der Asket durch die Kasteiung in einer besseren Welt wiedergeboren, andererseits bekommt er durch sie – wie in dem Lied deutlich wird – schon im Leben große Kraft. Die vedischen Götter gehen den Menschen bei der Selbstkasteiung als leuchtende Beispiele voran. So heißt es, Indra habe Askese geübt und dadurch Gewalt über die Sonne gewonnen.[5] Bedeutendster Asket unter den großen Göttern ist Śiva, der deswegen auch den Namen »der große Yogin« (*Mahāyogin*) trägt.

Gute und schlechte Werke

Den Welten, in die der Verstorbene eingehen soll, stehen Welten gegenüber, in die solche gelangen, die zu Lebzeiten Übles getan haben. Der Priester rezitiert für den Toten: »Wo die Frommen ihren Sitz haben, wohin sie gegangen sind, dorthin soll dich Gott Savitar bringen!«[6] Ob ein Mensch fromm ist, entscheiden seine Werke (*karman* n.). Zu diesen Werken zählt alles, was der Mensch im Verlauf seines Lebens tut, es ist entweder verdienstvoll oder verwerflich. Auch rituelle Handlungen, insbesondere Opferriten, während derer die heiligen Worte aus den Vedas rezitiert werden, gehören dazu. Werden sie gemäß den Vorschriften ausgeführt, gelten sie als besonders gute Werke und verhelfen dem Opferherrn und seiner Familie zum Eingang in die Himmelswelt:

> Wahrlich, Prajāpati, das Opfer, es ist das Jahr: Die Neumondnacht ist das Tor, und der Mond nun ist der Torriegel. [...] als ob einer durch das Tor in eine Festung schritte, wenn das Tor offen ist, und dann die Himmelswelt erlangte, so ist es, wenn einer die (Opfer-)Feuer an Neumond entfacht.[7]

Nach dem Tod werden die guten und schlechten Taten abgewogen. Danach wird entschieden, ob der Verstorbene in der Himmelswelt oder in der Welt der Unfrommen wiedergeboren wird. Die Seele des Menschen verläßt dann den Körper des Verstorbenen und geht in einen neuen ein, der sich entweder in der Himmelswelt oder in der Höllenwelt manifestiert. Die Seele wandert also durch die verschiedenen Geburten, indem sie in jeder neuen Geburt einen anderen Körper bewohnt.

Seit spätvedischer Zeit gibt es die Auffassung, daß die Seele nicht nur in einem menschlichen Körper wiedergeboren werden kann, sondern auch in Pflanzen, Tieren oder Geistwesen. Allein der Mensch jedoch hat die Möglichkeit, der Seele zur Erlösung zu verhelfen, denn er kann über sein Tun bestimmen. Nur ihm ist es möglich, sich für das Gute oder das Schlechte zu entscheiden. Für die Form der Wiedergeburt sind seine guten und schlechten Werke in den vorangegangenen Leben verantwortlich. Die Werke zusammen mit den Lebenskräften und dem Wissen der Seele bilden den feinen Körper, der die Wiedergeburt der Seele in einem Lebewesen bewirkt.

Der Yoga hat die Lehre von den Werken übernommen, sie jedoch auch entscheidend verändert. In alter Zeit waren die guten und schlechten Werke nur dafür ausschlaggebend, in welchem Körper die Seele wiedergeboren wurde. Der Yoga macht die Werke nun aber nicht nur für die Art der Wiedergeburt, sondern – zusammen mit ihrer Wurzel, den Befleckungen – für die Wiedergeburt überhaupt verantwortlich. Indem sie sich entwickeln, bringen die Werke »Früchte« hervor, welche Symbole für die empirische Welt sind. Damit werden sie zur wirkenden Kraft bei der Wiedergeburt. Im Yoga sind mit den Werken die Bewußtseinstätigkeiten gemeint, die als Grundlage jeder Handlung gelten.

Ātman und Brahman

In den frühen vedischen Texten stehen zwei Begriffe im Zentrum, die auch die spätere hinduistische Tradition beeinflußt haben: Ātman und Brahman. In den Upaniṣads wird das Brahman zur Stätte der Erlösung: »Nachdem einer auf den Ātman alle Sinne konzentriert hat, [...] erlangt er die Welt des Brahman und kehrt nicht wieder«.[8] Die Konzentration auf den Ātman ermöglicht den Eingang in die Brahmanwelt, in der keine Wiedergeburt mehr erfolgt.

Ātman (m.) wird meist übertragen mit »Seele« oder »Selbst«. Er bezeichnet den Kern des Einzelwesens, das eigentliche Wesen des Menschen. Der Ātman ist das, was den Menschen ausmacht, darf aber nicht mit seinem Ich oder seiner äußerlichen Erscheinung verwechselt werden. Da er in jedem Lebewesen vorhanden ist, fehlt ihm die Individualität.

Nur durch die Konzentration der Sinne auf den Ātman ist es dem Menschen möglich, das Selbst zu erkennen. Die Aufgabe ist schwierig und erfordert langwierige Anstrengungen – selbst für die Götter. So heißt es, daß auch der Götterkönig Indra sich zusammen mit dem Dämonen Virocana auf den Weg machte, das Selbst zu suchen. Beide trafen sich beim Schöpfergott Prajāpati und lebten bei ihm wie Schüler bei ihrem Lehrer. Prajāpati sollte ihnen helfen, ihr Selbst zu finden. Mehrmals glaubte Indra, das Selbst nun endlich gefunden zu haben, mußte jedoch immer wieder feststellen, daß es noch nicht die rechte Einsicht war. Erst als er 101 Jahre bei Prajāpati geweilt hatte, gelang es ihm, das Selbst zu erkennen.[9]

Die Suche nach dem Ātman ist deshalb so schwierig, weil er meist mit dem Ich und seinen Affekten verwechselt wird. Das Ich ist an Leidenschaften und Wünsche gebunden, die für die Wiedergeburt verantwortlich sind. Die Besinnung auf das Selbst führt nun dazu, daß das Ich, und damit auch die Begierden, als sekundär erkannt und in ihrer Wirksamkeit reduziert werden. Damit vermindern sich die Ursachen neuer Affekte, so daß am Ziel die Auslöschung der Begierden und des Ich, damit auch der Austritt aus dem Kreislauf der Geburten steht:

> Einer, der in seinem Denken [noch] Wünsche formt, wird aufgrund seiner Wünsche hier, auf dieser Welt, wiedergeboren; derjenige aber, dessen Wünsche erfüllt sind [und] der sein Selbst erkannt hat, dessen Wünsche vergehen [damit] alle hier auf Erden.[10]

Als nichtindividueller Ātman, der allen Lebewesen innewohnt, ist er identisch mit dem eigentlichen Wesen der Welt, dem Brahman.

Das Ziel des nach Erlösung strebenden Menschen besteht darin, das Brahman zu erkennen. In den frühen vedischen Texten bezeichnet Brahman die Kraft im Veda-Wort, die beim Opfer wirken soll, wenn die Riten mit dem Rezitieren von Sprüchen aus den Vedas begleitet werden.[11] Es ist die Kraft, welche beim Opfer die Götter herbeiruft und sie gnädig stimmt, damit die Unternehmungen der Menschen gelingen. Mit Hilfe des Brahman kann der Priester auf den gesamten Kosmos einwirken: Er bändigt Naturgewalten, schützt vor Krankheiten, verhilft zu reicher Nachkommenschaft und Wohlstand. Das Brahman wird überdies als Ursprung und Antrieb des Weltgeschehens betrachtet, da ohne seine Kraft nichts entstehen könnte. Insofern ist es Wesen und Grundprinzip der Welt, von daher identisch mit dem Selbst, dem Wesen des Menschen. Brahman und Ātman sind also zwei Manifestationen derselben Kraft: Brahman wirkt in der äußeren Welt, in der Natur, Ātman im Menschen.

Den Autoren der Upaniṣads geht es darum, aus der allumfassenden Kraft des Brahman zu schöpfen. Da Brahman und Ātman identisch sind, führt der Weg zu ersterem über das Selbst. Wenn der Ātman erkannt ist, ist damit auch das Brahman gefunden. Eben dies wird deutlich in dem folgenden Text:

> Dieses Selbst ist der Honig [Brahman] aller Lebewesen. Alle Lebewesen sind der Honig dieses Selbst. Und welcher in dem eigenen [Körper] ist, dieser ist der aus Licht bestehende, aus Unsterblichkeit bestehende Mensch [das Selbst]. Und welcher dieses Selbst ist, der ist der aus Licht bestehende, aus Unsterblichkeit bestehende Mensch. Dieser eben ist es, welcher das Selbst ist: Es ist die Unsterblichkeit, es ist das Brahman, es ist alles. Dieses Selbst wahrlich ist der Herrscher über alle Lebewesen, der König aller Lebewesen. Wie alle Speichen in der Radnabe und im Radkranz befestigt sind, so sind in diesem Selbst befestigt alle Lebewesen, alle Götter, alle Welten, alle Lebensströme, jedes einzelne Selbst.[12]

Bereits hier tritt neben dem Begriff Ātman das Wort »Mann, Mensch« (*puruṣa* m.) zur Bezeichnung des Selbst auf. In Sāṃkhya und Yoga wird *puruṣa* zum Terminus für das rein geistige Selbst bzw. das von jedem Inhalt gereinigte Bewußtsein, das der ungeistigen Natur gegenübersteht.

Der Zusammenhang zwischen Wissen und Erlösung

In die Brahmanwelt gelangt der einzelne, indem er den Ātman findet. Die Suche nach dem Ātman wird nicht etwa deshalb notwendig, weil er außerhalb des Menschen zu finden wäre, sondern weil die Sicht auf ihn durch Unwissenheit verdeckt ist. Solange der Mensch den Ātman nicht erkannt hat, kennt er auch das Wesen des Brahman nicht. Er bewegt sich im Bereich der Erscheinungswelt und ist durch seine Begierden an den Geburtenkreislauf gefesselt. Der unwissende Mensch will seine Leidenschaften befriedigen und trachtet danach, durch Werke, seien sie gut oder schlecht, Erfüllung im Leben zu finden. Dadurch verliert er das Wesen seiner selbst und der Welt aus dem Blick. Erst wenn Wissen über den Ātman erlangt ist, wird der wahre Kern freigelegt. Wer Wissen erlangt hat, überwindet seine Begierden und die ichbezogene Weltsicht. Seine Werke dienen nur noch dem einzigen Zweck, aus dem Geburtenkreislauf auszutreten. Das Wissen führt endlich zum Ziel der religiösen Übungen: »Nachdem er erkannt hat, ist der Geborene erlöst und geht ein in die Unsterblichkeit«.[13]

Übungen

Der Weg zur Erkenntnis von Brahman und Ātman ist mühsam. In einem zwischen dem 6. und 3. Jh. v. Chr. kompilierten Text wird das Wissen um den Ātman beschrieben als höchstes Ziel, das allein durch Übungen erreicht werden kann. Diese Übungen – hier wird das Wort *yoga* noch unspezifisch gebraucht – verlangen andauernde Konzentration auf den Ātman, in der man sich mit ihm identifiziert und damit die Fesseln der Begierden abstreift:

> [Der Schüler] soll sich den vorgeschriebenen Übungen hingeben, die auf den Ātman gerichtet sind, [...]. Es gibt nichts Höheres als das Wissen um den Ātman. [...] Wohnort für den (Ātman) sind allein die Lebewesen. Er ruht [in ihrem] Innersten, ist unverletzbar, unbefleckt. Welche sich dem Unbeweglichen, der in einem Beweglichen wohnt, hingeben, die sind unsterblich. Was alles immer hier in der Welt Sinnesobjekt genannt wird, das soll der Weise abstreifen und sich dem im Innersten Ruhenden hingeben. [...] Welcher in allen Wesen ist, beständig, weise, unsterblich, unveränderlich, ohne Glieder, ohne Laut und ohne Körper, ohne Berührung, groß und

rein, der ist alles, das höchste Ziel, der Mittelpunkt [...]. Wer sich dem überall hingibt und, auch wenn er eine Reise macht, immer ihm gemäß lebt, und wer den schwer zu Schauenden sieht, indem er immerfort mit den Übungen beschäftigt ist, der mag Freude haben im Himmel.[14]

Ein vedischer Text empfiehlt dem Weisen drei Übungen, um dem Leiden dieser Welt zu entfliehen, die auf den Körper, die Atmung und das Denken einwirken:

> Wenn ein Wissender [seinen] Körper aufrecht hält, indem er die drei Stellen [Brust, Nacken und Kopf] streckt, [und] die Sinne zusammen mit dem Denken auf das Herz richtet, mag er mit dem Boot des heiligen Wissens all die schrecklichen Flüsse überqueren. Wenn er die Atemströme hier [im Körper] zusammengepreßt hat, möge der, der jede Bewegung unterdrückt, mit vermindertem Atemstrom durch die Nase weiteratmen; wie ein mit schlechten Pferden bespanntes Fahrzeug, so soll der Wissende sein Denken zurückhalten, dabei [aber] nicht verwirrt sein.[15]

Für die Übungen wird ein geschützter Ort vorgeschrieben, an dem nichts Störendes vom Zweck ablenken kann: »An einem ebenen, reinen Ort, der frei von Kies, Feuer und Sand ist, der durch Töne, Teiche und ähnliches angenehm für den Geist, aber keine Qual für das Auge ist, an einem vom Wind geschützten möge einer sich anjochen.«[16]

Die Übungen zielen auf die Schau des Ātman ab, um »die Freude im Himmel« zu erlangen, die in der Befreiung aus dem Geburtenkreislauf ihre Vollendung findet.

Lehrzeit

In manchen Quellen vorchristlicher Zeit, den frühen Rechtstexten der hinduistischen Tradition, finden sich ausführliche Hinweise darauf, daß bereits ein junger Knabe die Übungen zur Erlangung des Wissens über den Ātman von einem Lehrer (*ācārya* m. oder *guru* m.) erlernt.[17] Der

Schüler heißt »der mit dem heiligen Wissen Wandelnde« (*brahmacārin* m.), ein Ausdruck, der auch heute noch für diejenigen gebraucht wird, die sich in der heiligen Tradition unterweisen lassen, wenngleich sie nicht mehr wie früher für etliche Jahre in der Obhut eines Lehrers weilen, sondern gewöhnlich nur noch wenige Tage die Regeln eines Schülers befolgen.

Wer sich dafür entscheidet, die Übungen aufzunehmen, sucht sich einen geeigneten Lehrer. Falls der bereit ist, ihn als Schüler anzuerkennen, nimmt er ihn wie einen Sohn in seine Familie auf. Bezeichnend für die Aufnahme beim Lehrer ist die Initiationsstruktur. Mit der Aufnahme beim Lehrer entsagt der Schüler seiner bisherigen, profanen Welt und widmet sich fortan dem Erlernen der Disziplin. Der Initiationsritus, welcher in Ritenbüchern beschrieben wird,[18] verdeutlicht das Gewicht des Entschlusses: Er symbolisiert eine zweite Geburt. Der neue Schüler erfährt beim Ritus eine regelrechte geistige Geburt. Eine Nabelschnur, dargestellt durch einen Gürtel, den er bei der Zeremonie umgelegt bekommt, verbindet ihn für die Dauer der Lehre mit seinem Lehrer. Der Lehrer hilft seinem Schüler, auf den rechten Pfad zu kommen und das Wissen zu erlernen – in erster Linie die heiligen Texte aus den Vedas. Der Lehrer spricht seinem Schüler Textpassagen vor, und der Schüler wiederholt sie. Wenn der Schüler eine Passage auswendig gelernt hat, so beginnt der Lehrer mit einer weiteren. Auf diesem Weg lernt der Schüler die für ihn wichtigen Texte Schritt für Schritt kennen.

Der junge Mann verläßt sein Elternhaus für das Studium der heiligen Texte und auf der Suche nach dem Brahman. Er begibt sich in die Familie des Lehrers, den er sich zuvor ausgesucht hat. Ein uneingeschränktes Vertrauen zwischen Lehrer und Schüler ist für das Gelingen des Studiums notwendig. Ebenso wie der Schüler sich den Lehrer selbst erwählt, kann der Lehrer einen jungen Mann abweisen. Dem Lehrer ist bewußt, daß er Verantwortung für seinen

Zögling trägt, so wird er das Vertrauen nicht zu unrechten Zwecken ausnutzen. Der Schüler erkennt seinen Lehrer als Autorität an, dem in allem zu gehorchen ist. Er bietet seine Dienste dem Lehrer und eventuell sogar der Familie des Lehrers an. In vorchristlicher Zeit sind die Tätigkeiten eines Schülers genau bestimmt. Morgens und abends schafft der Schüler Feuerholz und Wasser heran und erbettelt Speise für sich und seinen Lehrer. Die bietet er bezeichnenderweise erst dem Lehrer an. Nur was dieser übrigläßt, darf der Schüler zu sich nehmen. Ehrbezeugungen, die ein Jüngerer dem Älteren entgegenbringen soll, sind in die Vorschriften einbezogen. Für gewöhnlich werden die mehrjährigen Studien durch Ferien unterbrochen, während derer der Schüler in seine eigene Familie zurückkehrt. Am Ende des Studiums schließt ein Ritual die Lehrjahre ab. Das Studium kann aber nur insofern als abgeschlossen gelten, als damit die Anleitung durch den Lehrer endet; die Übungen zur Konzentration auf den Ātman gehen jedoch weiter.

Der Yoga schreibt ebenfalls das »Studium« vor, das – noch lange nach Einführung der Schrift in Indien – durch Vorsprechen der Texte durch einen Lehrer geschehen mußte, was auch für die Zeit des klassischen Yoga-Systems gilt. Im Yogasūtra selbst findet sich ein Hinweis darauf, daß der Yoga von einem Lehrer (*guru* m.) vermittelt wird (YS 1.26); der Text läßt aber offen, wie die Lehrzeit verläuft.

Das Symbol der Pflanze

Die Vorstellungen von der Bedeutung der Werke und der Wiedergeburt veranschaulicht ein gern gebrauchtes Bild, das der Pflanze. Der Erfolg, den man durch ein rechtes Leben erlangt, indem man die Regeln befolgt und den Veda studiert, wird verglichen mit den Früchten, die ein Bauer erntet, wenn er sein Feld wohl bestellt hat. Das rechte

Leben mit seinen guten Werken ist der Same, der die guten Früchte hervorbringt. Die Früchte bestehen in einer förderlichen Wiedergeburt, Stärke, Weisheit, Einsicht und materiellem Wohlstand. Umgekehrt reifen auch die schlechten Werke und bringen ihrerseits Früchte hervor.

Das Verhältnis zwischen guten und schlechten Taten bestimmt das Resultat der Frucht. Fehler in einem Bereich können das Verdienst, welches in einem anderen erworben wurde, mindern: »Ein Priester, der gegen die Regel des guten Lebenswandels verstößt, erntet nicht die Frucht, die im heiligen Wissen reift, aber der, welcher einen guten Lebenswandel führt, wird die ganze Frucht erhalten«.[19]

5. Schöpfung und Erlösung

Schöpfungsmythen

Bevor im indischen Kulturkreis philosophisch-theoretische Erklärungen des Weltgeschehens aufkamen, betrachteten die Weisen der vedischen Zeit auf mythische Weise die Welt als Schöpfung der Götter. In manchen vedischen Texten fungieren die Götter ähnlich wie Baumeister, welche die Erde einem Wohnhaus gleich errichten. So heißt es von Gott Indra:

> Da, wo kein Balken haftet, stützte er den hohen Himmel, er füllte beide Welten, den Luftraum an. Die Erde hat er befestigt und ausgebreitet. [...] Er hat mit Maßen wie ein Wohnhaus die vorwärts gehenden [Bahnen] abgesteckt; mit der Keule öffnete er die Kanäle der Flüsse. Er ließ sie in ihren langgestreckten Bahnen nach Lust laufen. [...].[20]

Ferner gibt es die Vorstellung, die Erde sei aus einem Urmenschen entstanden, der tausend Köpfe, tausend Augen und tausend Füße besessen habe.[21] Ein weiterer Text berichtet, der Eber Emūṣa habe die Erde aus den Urwassern gehoben.[22] Im Epos Mahābhārata findet sich eine ausführlichere Version dieses Mythos, worin der Eber als Inkarnation des Gottes Viṣṇu dargestellt wird: Er muß der Erde zu Hilfe kommen, weil der Dämon Hiraṇyakaśipu sie im Ozean versenkt hat. Nach dem Sieg über den Dämon hebt Viṣṇu die Erde mit den Stoßzähnen des Ebers aus dem Meere. Die Erde existierte also schon, bevor sie von Viṣṇu-Emūṣa aus dem Ozean gehoben wurde. Das mag eine Parallele zu dem kosmischen Prozeß von Weltentstehung und Weltvernichtung bilden, die in stetem Wechsel aufeinander folgen.

Bereits an diesen wenigen Beispielen zeigt sich, daß nicht ein Gott allein für die Schöpfung der Welt verantwortlich gemacht wird, sondern daß in verschiedenen Erzählungen unterschiedliche Götter als Erbauer der Welt und Schöpfer der Menschen genannt werden. Nach indischer Vorstellung gehören die Götter der Welt an, sie üben hier ihre Kräfte aus und richten sie ein. Bereits in vedischer Zeit setzt man also die Existenz einer Macht voraus, die schon vor den Göttern bestand. Dies führt im Laufe der Jahrhunderte zu zahlreichen Theorien verschiedener Schulen, die den Urgrund alles Werdens zu erklären versuchten. In Folge davon finden sich neben solchen anschaulichen Mythen auch philosophisch-theoretische Spekulationen über den Ursprung der Welt und über die Welterfahrung des einzelnen. Da nach herkömmlicher Auffassung das irdische Leben von Leiden bestimmt ist, werden diese Theorien stets von Überlegungen begleitet, welcher Weg zur Befreiung aus dem Übel führe. Dabei wird zunehmend das menschliche Bewußtsein in den Vordergrund gestellt, weil in ihm allein das Vermögen zur Erlösung vermutet wird.

Schöpfungs- und Erlösungstheorien im Mahābhārata

Das Mokṣadharmaparvan, ein Abschnitt aus dem zwölften Buch des Mahābhārata, enthält philosophisches Gedankengut über die Entstehung der Welt. In Form von Dialogen werden Fragen nach der Entstehung der Welt, der Seele des Menschen und ihrer Erlösung erörtert, wobei eine Entwicklung hin zu den Vorstellungen des Sāṃkhya und Yoga zu beobachten ist.[23] Die Datierung der einzelnen Textabschnitte ist unsicher.

Gespräch zwischen Bhṛgu und Bharadvāja[24]

Der Gott Mānasa (*Mānasa Deva*) schafft die Elemente (*bhūta* n.). Er wird auch »der Unendliche«, der »Unentfaltete« (*avyakta* m.) oder Viṣṇu genannt und ist charakterisiert dadurch, daß ihm Eigenschaften des Denkorgans (*manas* n.) zu eigen sind. Es entstehen aus ihm in Reihenfolge: der Luftraum, das Wasser, der Wind, das Feuer und die Erde. Sie bilden die Körper und die Sinnesorgane der Lebewesen. Diese, aber auch Bäume und Pflanzen, haben eine Seele (*jīva* m.) und erleben Leiden und Freuden. Die Seele, der das Geistige anhängt, belebt die Lebewesen und trägt auch ihren Verstand (*buddhi* f.) und ihr Ichbewußtsein (*ahaṃkāra* m.) in sich, wobei diese beiden ihr angehörenden psychischen Organe nicht weiter erörtert werden. Die Seele wandert im Geburtenkreislauf von einem Körper in den nächsten, ohne aber selbst der Welt verhaftet zu sein, so daß sie, im Gegensatz zu den Lebewesen, kein Leiden erfährt. Die Menschen können sich selbst aus dem Leiden befreien, wenn sie ihre Gedanken durch Übungen reinigen. Dann sehen sie den Ātman und erlangen ewige Freude.

Mānasa Deva
↓
Luftraum
↓
Wasser
↓
Wind
↓
Feuer
↓
Erde
↓
Lebewesen, denen eine Seele (*jīva* m.) zu eigen ist

Tafel 2: Gespräch zwischen Bhṛgu und Bharadvāja

Auffallend ist der »objektive« Charakter dieser Erklärung, der psychische Organismus des Menschen wird hier nicht behandelt. Über den Verstand und das Ichbewußtsein wird lediglich gesagt, daß sie der Seele zugehören.

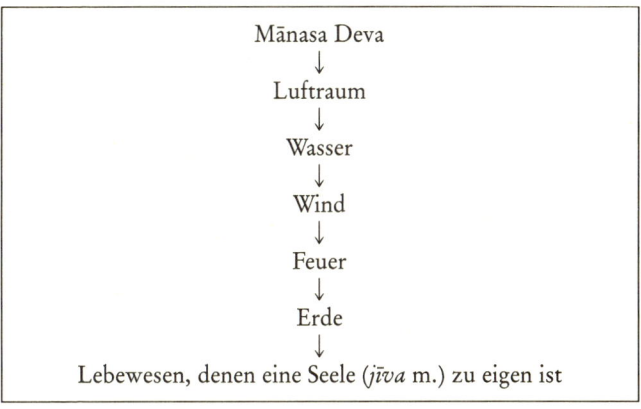

Gespräch zwischen Manu und Bṛhaspati[25]

In diesem Dialog tritt der Ātman, auch der »Unentfaltete« (*avyakta* m.) oder der »Unvergängliche« genannt, an die Stelle des Schöpfers. Aus ihm gehen zunächst die Elemente hervor: Luftraum, dann Wind, Feuer, Wasser und Erde; eines aus dem anderen. Sie haben jeweils bestimmte Eigenschaften (*guṇa* m.): Der Äther die Hörbarkeit, der Wind die Fühlbarkeit, das Feuer die Sichtbarkeit, das Wasser den Geschmack und die Erde den Geruch. Sie bilden die Körper der Lebewesen und alle Dinge der Außenwelt. Der »Unvergängliche« erhält, wenn er mit den Elementen in Kontakt tritt, den Namen »Wesensātman« (*bhūtātman* m.), der ähnlich wie die Seele im vorigen Dialog zu verstehen ist. Er wandert von einer Verkörperung in die andere und entläßt den psychischen Organismus, bestehend aus dem Verstand (*buddhi* f.), dem Denkorgan (*manas* n.) und den Fünf Sinnesorganen (*indriyāṇi* n.), aus sich. Am Ende eines Lebens gehen sie wieder in den Ātman ein und zusammen mit ihm in die nächste Verkörperung. An das Denkorgan sind die guten und schlechten Taten (*karman* n.) gebunden, so daß auch sie bei der Wanderung durch die Geburten eine entscheidende Rolle spielen. Sie nämlich bestimmen die Qualität der neuen Geburt: Die guten Taten sorgen für ein angenehmes Leben, die schlechten entsprechend für ein schlechtes; auch in Hinblick auf die Erlösung sind die guten Taten förderlich, hinderlich jedoch die schlechten. Die Lebewesen können darum die Außendinge wahrnehmen, weil ihre Sinnesorgane die Eigenschaften der Elemente, aus denen das betrachtete Objekt besteht, übernehmen und damit zu ihren eigenen machen. Das Wesen des Ātman aber können die ungeübten Sinnesorgane und das Denkorgan nicht erkennen, weil er keine Eigenschaften hat. Die Sinnesorgane müssen zurückgezogen werden, damit nicht mehr nur das aus den Eigenschaften Bestehende wahrgenommen wird, und das Denkorgan muß den Verstand aufnehmen, der ihm die Möglichkeit zur Erkenntnis bietet. In dieser »eigenschaftslosen Versenkung« (*nirguṇa dhyāna* n.) wird der Blick auf den Ātman möglich. Damit ist der Mensch erlöst.

Ātman
↓
Fünf Elemente (*bhūta* n.) mit ihren Fünf Eigenschaften (*guṇa* m.)
↓
Verstand (*buddhi* f.)
↓
Denkorgan (*manas* n.)
↓
Fünf Sinnesorgane (*indriyāṇi* n.)

Tafel 3: Gespräch zwischen Manu und Bṛhaspati

Gespräch zwischen Vyāsa und Śuka[26]

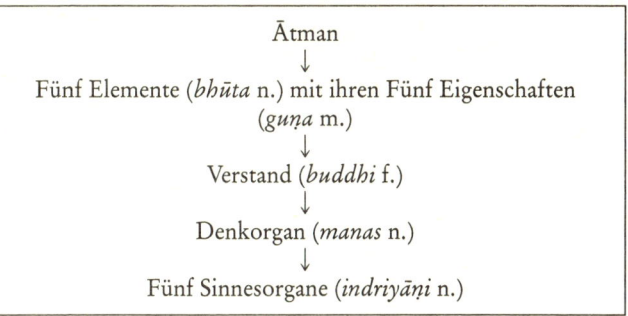

Zunächst existiert das ewige Brahman als in sich ruhende und unentfaltete Kraft. Sein nicht näher beschriebenes »Erwachen« leitet den Schöpfungsprozeß ein, in dessen Verlauf sich die gesamte Welt aus ihm entfaltet. Beim Erwachen entsteht zunächst die »Große Wesenheit« (*mahad bhūta* n.), aus dem sich wiederum alles übrige entfaltet. Die große Wesenheit heißt auch »Großes Selbst« (*mahātman* m.) und bezeichnet eine Einzelseele im Unterschied zum »höchsten Selbst«, welches identisch mit dem Brahman ist. Insofern entsprechen Brahman und Ātman dieses Dialoges dem Ātman oder »Unvergänglichen« und dem »Wesensātman« im vorigen Dialog. Das Brahman und die Große Wesenheit gehören dem Bereich des »Unentfalteten« (*avyakta* n.) an und können von den Sinnesorganen nicht wahrgenommen werden. Aus der Großen Wesenheit bildet sich zunächst das Denkvermögen (*manas* n.), und erst aus ihm entstehen – dies im Unterschied zu den beiden anderen Gespächen – der Reihe nach die Fünf Elemente (*mahābhūta* n.): aus dem Äther oder Luftraum der Wind, aus dem Wind das Feuer, daraus das Wasser und zuletzt die Erde. Jedem Element wird eine Eigenschaft zugeordnet, wie im Gespräch zwischen Manu und Bṛhaspati, aber mit dem Unterschied, daß jedes folgende die Eigenschaft aller früheren besitzt. Zum Äther gehört der Ton, zum Wind Fühlbarkeit und Ton, zum Feuer Sichtbarkeit, Ton und Fühlbarkeit, zum Wasser Geschmack und Ton, Fühlbarkeit und Sichtbarkeit. Geruch ist der Erde vorbehalten, dazu kommen die Eigenschaften der anderen vier Elemente: Ton, Fühlbarkeit, Sichtbarkeit und Geschmack. Wenn die Elemente erst nach dem *manas* entstehen, kann das nur bedeuten, daß es nicht mehr materiell als Denkorgan betrachtet wird, sondern als schöpferisches Vermögen. Der Verstand und das Ichbewußtsein werden hier überhaupt nicht erwähnt.

Mit der Existenz der Elemente und ihrer Eigenschaften ist die Voraussetzung für die Schöpfung der Wesen und Welten gegeben, die sich allesamt aus ihnen zusammensetzen. Zuerst entstand der Schöpfergott Prajāpati, der wie die alles bewirkende Kraft auch Brahman genannt wird. Er schafft die übrigen Götter, die Menschen, die Vedas und die gesellschaftliche Ordnung. Die gesamte Erscheinungswelt hat einen einzigen Ursprung, womit sich diese Theorie noch grundlegend von der des Sāṃkhya und Yoga unterscheidet.

Die Große Wesenheit, das Denkvermögen und die Fünf Elemente vereinigen sich miteinander und verbinden sich mit dem Brahman in einer Verkörperung, wo sie »das Selbst« heißen und ähnlich dem »Wesensātman« aus dem vorangegangenen Gespräch wirken. Wenn einer die Große Wesenheit erkennt, wird er vom Leid in der Welt erlöst und die Elemente gehen in umgekehrter Reihenfolge wie-

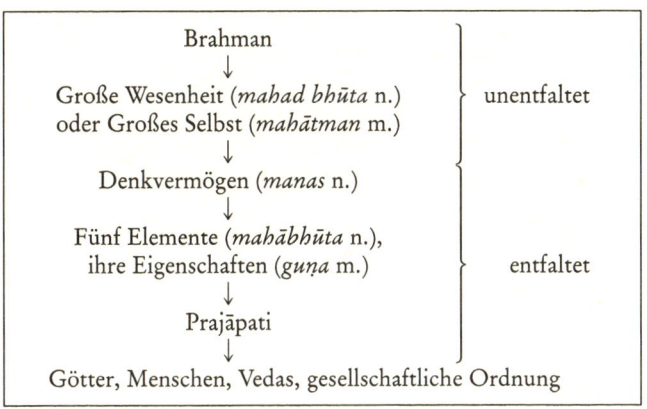

Brahman
↓
Große Wesenheit (*mahad bhūta* n.)
oder Großes Selbst (*mahātman* m.)
↓
Denkvermögen (*manas* n.)
↓
Fünf Elemente (*mahābhūta* n.),
ihre Eigenschaften (*guṇa* m.)
↓
Prajāpati
↓
Götter, Menschen, Vedas, gesellschaftliche Ordnung

(Brahman bis Denkvermögen: unentfaltet; Denkvermögen bis Prajāpati: entfaltet)

Tafel 4: Gespräch zwischen Vyāsa und Śuka

der ineinander ein, dann verschwinden sie im Denkvermögen und schließlich in der Großen Wesenheit.

Gespräch zwischen Bhīṣma und Yudiṣṭhira[27]

Ursprung der Welt ist hier der »Schöpfer der Wesen« (*bhūtakṛt* m.) oder der »Wesensātman« (*bhūtātman* m.), der zunächst die Fünf Elemente mit ihren Eigenschaften (Ton, Gestalt, Berührung, Geschmack, Geruch) aus sich hervorgehen läßt. Aus ihnen sind alle Dinge der Außenwelt und die Lebewesen mit ihrem psychischen Organismus geschaffen: Der Äther bildet mit seiner Eigenschaft Ton das Gehör und die Hohlräume des Körpers; das Feuer mit der Gestalt das Auge und die Verdauungsfeuer; der Wind mit der Berührung die Haut und den Atem; das Wasser mit dem Geschmack die Zunge und die Feuchtigkeit; die Erde mit ihrem Geruch das Riechbare und den Körper. Zusammen mit den Sinnesorganen bilden das Denkorgan und der darüberstehende Verstand das psychische Organ. Die Seele blickt als bloßer Zuschauer, ohne selbst tätig zu werden, auf den Verstand und durch ihn auf die Welt. Der Verstand nimmt die Welt über die Sinnesorgane und das Denkorgan wahr. Er kann in drei Seinsweisen (*bhāva* m.) auftreten, die Güte (*sattva* n.), Leidenschaft (*rajas* m.) und Finsternis (*tamas* m.) heißen, je nachdem, ob sie mit Lust (*prīti* f.), Leid (*duḥkha* n.) oder Verblendung (*moha* m.) verbunden sind. Weil die Seele der Tätigkeit des psychischen Organismus zuschaut, glaubt der Mensch, daß sie mit allem verbunden ist. Wer erkennt, daß die beiden sich voneinander unterscheiden, und daß die Schöpfung ohne Zutun der Seele in Gang kommt, ist erlöst. Im Gegensatz zu den ersten drei Gesprächen deutet sich hier bereits eine Dualität zwischen dem Selbst und der Natur an, die im Sāṃkhya zum Ausgangspunkt wird.

	Seele (*jīva* m.) = Zuschauer
Schöpfer der Wesen (*bhūtakṛt* m.), Wesensātman (*bhūtātman* m.)	
↓	
Fünf Elemente (*bhūta* n.) mit Fünf Eigenschaften (*guṇa* m.)	→ Verstand (*buddhi* f.) mit Drei Seinsweisen (*bhāva* m.)
↓	↘
Sinnesorgane (*indriyāṇi* n.)	Denkorgan (*manas* n.)

Tafel 5: Gespräch zwischen Bhīṣma und Yudiṣṭhira

Mit dem Namen Pañcaśikha verbundene Schöpfungs- und Erlösungstheorien[28]

Eine Phase in der Entwicklung von Schöpfungs- und Erlösungstheorien, die Gedankengut des Sāṃkhya enthalten, ist mit dem Namen Pañcaśikha verbunden. Über ihn selbst ist nichts weiter bekannt, ebensowenig ist ein eigenständiger Text von ihm überliefert. Andere Autoren legen ihm in ihren Texten Aussagen in den Mund, die sich jedoch unterscheiden. Es ist deswegen eher anzunehmen, daß sich hinter dem Namen keine historische Gestalt verbirgt. Im Folgenden sei der Name Pañcaśikha nur symbolisch für jene Entwicklungsstufe im indischen Denken gebraucht, welche wohl ausschlaggebend für das klassische Sāṃkhya war.

Im Mokṣadharmaparvan wird von Pañcaśikha folgendes erzählt:[10] Eines Tages versammelte der König von Mithila, Janadeva Janaka, zahlreiche weise Männer um sich. Der König ließ die Frage erörtern, was mit dem Selbst nach dem Tod geschehe. Hundert Weise hatten sich um den König geschart, und ein jeder beantwortete die Frage auf seine Art. Doch Janaka zeigte sich nicht zufrieden, bis er auf den Pañcaśikha aufmerksam wurde, der ein Schüler des Lehrers Āsuri war. Mit seiner Rede, deren Begründungen überzeugend waren, überbot er die anderen Weisen. Daraufhin schickte Janaka sie alle fort und unterhielt sich allein mit Pañcaśikha, der ihn in der Lehre unterwies. Er sagte, daß alles andere als das Selbst vergehe, und daß es falsch sei, das Selbst mit dem Nichtselbst zu identifizieren. Der menschliche Körper bestehe aus den Fünf Elementen und werde in Gang gehalten durch Wissen (*jñāna* m.), Hitze (*ūṣman* n.) und den Wind (*vāyu* m.). Der Verstand (*buddhi* f.) trage drei Seinsweisen in sich als Folge der drei Bestandteile (*guṇa* n.): Leidenschaft, Leid und Weder-Leid-noch-Leidenschaft. Leid resultiere daraus, daß das Selbst (*ātman* m.) sich mit den drei Bestandteilen identifiziere. Wenn einer diese Identifikation als falsch entlarve durch rechtes Denken und Unterscheidung und damit das Selbst erkennen könne, würde der zum höchsten Glück gelangen. Das höchste Glück aber sei identisch mit dem Brahman. Ähnlichkeiten zu den früheren Theorien sind auffallend.

Doch wird mit dem Namen Pañcaśikha auch eine entscheidende Veränderung der Schöpfungs- und Erlösungstheorien verbunden: Er ersetzt den Ursprung aller Dinge durch den Begriff Natur (*prakṛti* f.), die er als ewig, ungeistig, allgegenwärtig, unendlich fein und nicht wahrnehmbar charakterisiert. Sie besteht aus den drei Bestandteilen (*guṇa* m.) Güte, Leidenschaft und Finsternis, welche bis dahin mit den Seinsweisen des Verstandes verbunden waren. Aus der Natur entsteht alles Weitere. Dem allem stellt Pañcaśikha nun das ewige, untätige und geistige Selbst (*ātman* m.) gegenüber, als ein zweites, völlig unabhängiges Prinzip, das mit dem Ursprung der Dinge nichts gemein hat. Damit hat er einen Dualismus zwischen der ungeistigen Natur und dem geistigen Selbst geschaffen, der vorher nur angedeutet war, und zum Grundgedanken des klassischen Sāṃkhya wird, welcher auch im Yoga eine Rolle spielen wird. Das Selbst bleibt immer gleich, wohingegen die Natur sich verändert, was durch die Bestandteile erklärt wird, die sich in einem ständigen Fluß befinden, und sich ungleich zusammensetzen. Das erklärt die Mannigfaltigkeit der Welt. Aus der unentfalteten Natur entwickelt sich zunächst der Verstand oder das »Große Selbst«, aus dem das Ichbewußtsein hervorkommt. Die Einführung eines Ichbewußtseins wurde notwendig, da der individuelle Charakter, den vormals die Seele dem psychischen Organismus gab, nun vollkommen davon getrennt ist. Dem Ichbewußtsein entstammen hier sowohl das Denkvermögen als auch die Sinnesvermögen. Sie werden unterteilt in Fünf Wahrnehmungsvermögen und Fünf Tatvermögen. Schließlich gehen aus dem Ichbewußtsein auch die Elemente und die »Besonderheiten« (*viśeṣa* m.) hervor, welche die früheren Eigenschaften ablösen. Sie sind von den Elementen her verschiedene feine Stoffe und bilden die Objekte der Sinnesorgane. Insofern sind sie den Eigenschaften des Gesprächs zwischen Manu und Bṛhaspati ähnlich, durch welche die Sinnesorgane die Objekte erkennen konnten, indem sie die Eigenschaften der Objekte angenommen haben. Dieses System der »25 Wesenheiten« bildet die Grundlage für das klassische Sāṃkhya.

Selbst (*ātman* m.)	Natur (*prakṛti* f.), bestehend aus Drei Bestandteilen	
	↓	
	Verstand (*buddhi* f.)	
	↓	
↙	Ichbewußtsein (*ahaṃkāra* m.)	
	↓	↘
Denkvermögen (*manas* n.)	Vermögen (*indriyāṇi* n.)	Fünf Elemente (*bhūta* n.) mit ihren Fünf Besonderheiten (*viśeṣa* m.)

Fünf Wahrnehmungsvermögen und Fünf Tatvermögen
(*buddhīndriyāṇi* n.) (*karmendriyāṇi* n.)

Tafel 6: 25 Wesenheiten

Anders als in den Theorien des Mokṣadharmaparvan herrscht hier ein strenger Dualismus zwischen Urnatur und Selbst, der zuvor nur impliziert war. Das Selbst ist nicht mehr mit dem Weltprinzip Brahman-Ātman identisch, sondern bildet den Gegenpol zur Natur. Es gibt keinen einheitlichen Ursprung mehr, vielmehr existiert das Selbst als eigenständiges Prinzip neben der aus der Urnatur hervorgegangenen Natur. Trotz dieser strengen Dichotomie sind Natur und Selbst miteinander verbunden, was das Leiden der Lebewesen bewirkt. Erst ihre Loslösung voneinander hebt das Leid auf. In Gestalt des dem Pañcaśikha zugeschriebenen Systems der 25 Wesenheiten präsentiert sich die Theorie der Schulen des Sāṃkhya und Yoga zu einer Zeit, als die beiden klassischen Systeme im Entstehen begriffen waren.

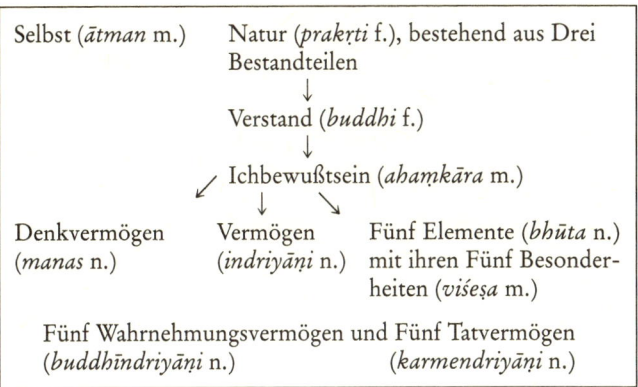

II. Das klassische Sāṃkhya

1. Lehre

Die Sāṃkhyakārikā des Īśvarakṛṣṇa

Auf der Grundlage früherer Texte, von denen einige vorgestellt worden sind, kompilierte Īśvarakṛṣṇa die Sāṃkhyakārikā (um 400), die zusammen mit dem Kommentar Tattvakaumudī von Vācaspatimiśra (zwischen 850 und 975) Grundlage der folgenden Darstellung bildet. Der Inhalt des klassischen Sāṃkhya ist zu unterscheiden von früheren Lehren, die zwar Voraussetzung für das klassische System, aber nicht identisch mit ihm sind.

Über Īśvarakṛṣṇa selbst ist nur wenig bekannt: Er war ein Brahmane aus dem Clan Kauśika, gehörte also dem obersten Stand an, und soll als heimat- und familienloser Asket durch die Lande gezogen sein.

Die Sāṃkhyakārikā (SK), das »Lehrgedicht über das Sāṃkhya«, ist in zweiundsiebzig Strophen im Ārya-Versmaß tradiert. Eine Ārya-Strophe besteht aus zwei Zeilen, von denen jede in zwei Glieder und die wiederum in Füße zerfallen. Jeder Fuß zählt vier Moren, wobei in den ungeraden Füßen die Folge kurz – lang – kurz vermieden werden muß. Dank dieses Metrums gewinnt die Sāṃkhyakārikā literarische Qualität: Sie ist zugleich Lehrtext und Gedicht. Die zunächst verwirrende Fülle von Begriffsreihen wird mehrfach durch anschauliche Bilder unterbrochen.

Im Werk selbst wird gesagt, Īśvarakṛṣṇa habe die Lehre zusammengefaßt, ohne Erklärungen hinzuzufügen oder gegensätzliche Meinungen zu berücksichtigen (SK 71–72). Strophe 69 faßt den Inhalt in Kürze zusammen: Es geht um ein Wissen (*jñāna* n.), das zum Zweck des Selbst (*puruṣa* m.) notwendig ist und aus der Kenntnis der Lebewesen, ihres Ursprungs, ihres Wesens in ihrer Dauer und ihres Endes resultiert. Es ist ein »verborgenes« Wissen und aus diesem Grunde nicht jedem zugänglich. Wer es aber erlangt, findet darin ein »Läuterungsmittel« (SK 70), das zur Befreiung der eigenen Person aus dem Leid der Welt führt.

Das Wissen stammt vom »höchsten Seher« (SK 69) und »Weisen« (SK 70), dessen Namen die Sāṃkhyakārikā dem Leser aber vorenthält. Die Tattvakaumudī nennt ihn: Er heiße Kapila, habe als erster die entscheidende Erkenntnis erlangt und sei somit Begründer des Sāṃkhya-Systems. Die von seiner Person überlieferten Geschichten entbehren allerdings der historischen Grundlage und sind im Bereich der Legende anzusiedeln. Wie die Sāṃkhyakārikā (SK 70) mitteilt, hat der »Weise« das Wissen seinem Nachfolger Āsuri weitergegeben. Auch von ihm sind nur Legenden überliefert. Als Enkelschüler wird dann Pañcaśikha genannt, derselbe, mit dessen Namen bereits das Mokṣadharmaparvan Vorstufen des klassischen Sāṃkhya verband. In der vielleicht später angehängten Strophe 71 heißt es, die Lehren des Pañcaśikha seien von einem zum nächsten Schüler weitergegeben worden, bis der »edelmütige« Īśvarakṛṣṇa schließlich ihre große Bedeutung erkannt und sie in Strophen zusammengefaßt habe.

Maßgeblich für das System waren also vier Lehrer, deren Namen – bis auf den des Kapila – die Sāṃkhyakārikā selbst nennt. Mit dieser Genealogie mögen die oben erörterten Vorstufen des klassischen Sāṃkhya gemeint sein.

Das Sanskritwort *sāṃkhya* leitet sich her von *saṃkhya* (»Zahl«) und bedeutet »mit einer Zahl verbunden, Aufzählung«. Daß sich gerade dieser Name für das System durchgesetzt hat, erklärt sich mit der Vorliebe für Aufzählungen; diese leitet sich aus der Methode der Sāṃkhya-Denker her. Vielleicht handelte es sich aber zunächst um einen Spottnamen, der in anderen Schulen aufgekommen war.[1] Seither steht Sāṃkhya für ein dualistisches System, das versucht, die Welt von ihrem Ursprung her zu erklären, um endlich die Erlösung aus derselben zu erlangen. Dabei ordnet es die empirische Welt in Reihen ein und stellt diese unter Oberbegriffe. Im nächsten Schritt werden diese Oberbegriffe verschiedener Reihen einem noch allgemeineren Begriff untergeordnet. Im Zuge dieses Verfahrens entstehen Begriffsreihen, deren Ursprung auf einen einzigen Begriff zurückgeführt werden kann. Somit wird ein Ausgangspunkt für die Reihen der unterschiedlichen Einzeldinge bestimmt, der identisch ist mit dem Ursprung der Schöpfung.

Die Methode, die zur Bildung der Begriffsreihen angewandt wird, ist dreifach: sinnliche Wahrnehmung, Schlußfolgerung und glaubwürdige Überlieferung bzw. zuverlässige Mitteilung (SK 4–6). Um ein Objekt erkennen zu können, muß es erkennbar sein. Das Sāṃkhya geht von der optimistischen Voraussetzung aus, daß alles in der Welt erkennbar ist. Erkenntnis eines Objekts kann über die Sinne in der Wahrnehmung erfolgen. Aber auch nicht sinnlich Wahrnehmbares kann auf Umwegen erkannt werden. Alles Seiende nämlich übt eine Wirkung auf Wahrnehmbares aus, das erkannt werden kann und den Schluß auf die nicht wahrnehmbare Ursache ermöglicht (SK 7–8). Glaubwürdige Überlieferung bezeichnet gültige Traditionen, die sich über lange Zeit bewährt haben, wie etwa die Veden.

Grund für die Notwendigkeit des Sāṃkhya

Nach allgemeiner indischer Auffassung wirken auf der Welt verschiedene Leiden (*duḥkha* n.), denen die Menschen ausgesetzt sind, solange sie auf Erden leben. Das Sāṃkhya geht davon aus, daß alle Menschen durch ihre bloße Existenz ständigem Leiden ausgesetzt sind, dem sie zu entkommen trachten (SK 1). Da jedes Lebewesen aber nach alter indischer Lehrmeinung in einem ständigen Geburtenkreislauf gefangen ist, nimmt das Leid auch mit dem Tod kein Ende.

Das Sāṃkhya unterscheidet zwischen drei Arten von Übeln (SK 1):

Īśvarakṛṣṇa	*Drei Leiden*		
Kommentar	kommt aus der Person selbst	kommt von außen	kommt von himmlischen Mächten
	psychisches u. physisches Leiden	verursacht durch feindlich gesinnte Menschen, Tiere und (giftige) Pflanzen	schlechte Witterung, Naturkatastrophen

Tafel 7: Die Drei Leiden

Die erste Art betrifft die Person selbst (*adhyātmikam*) und umfaßt physische und psychische Leiden. Physisches Leid bedeutet Krankheit und entsteht, wenn die drei Bestandteile des Körpers (Wind, Galle, Schleim) in Unordnung geraten. Diese Auffassung stammt aus der indischen Medizin, der zufolge der Mensch krank wird, wenn Wind, Galle und Schleim aus dem Gleichgewicht geraten. Psychisches Leid entsteht aus den Affekten Liebe, Zorn, Gier, Verwirrung, Illusion, Neid und Lustlosigkeit, die ihre Ursache in der Person selbst haben.

Die zweite Art kommt von außen (*adhibhautikam*). Verursacher können alle irdischen Lebewesen sein, die dem Menschen schädlich sind: feindlich gesinnte Menschen, Vieh, fliegende Tiere, Kriechtiere und Pflanzen.

Die dritte Gruppe von Leiden wird von den himmlischen Mächten ausgelöst (*adhidaivikam*). Göttliche Wesen sind verantwortlich für schlechte Witterung und Naturkatastrophen, unter denen die Menschen leiden müssen.

Die Medizin kann zwar viele Leiden bekämpfen, und auch die heiligen überlieferten Traditionen, die im Veda gelehrt werden, helfen den Menschen bei der Abwehr von Leiden, indem sie den Beistand der Götter gewährleisten. Die Linderung oder gar Aufhebung des Leids können bestehende Wissenschaften aber nur für eine begrenzte Zeit erreichen. Überhaupt nicht einwirken können die bekannten Wissenschaften hingegen auf solches Leid, das aus Alter und Tod herrührt und nicht nur die Menschen, sondern auch Götter, Tiere und Pflanzen betrifft (SK 53–55). Gerade das aber ist Ziel des Sāṃkhya. Die Wissenschaften und überlieferten Lehren können gewisse Erfolge erzielen, weil sie einzelne Aspekte der Lebewesen und ihrer Verstrickung mit der Welt begreifen. Doch sind ihre Erfolge begrenzt, weil sie eben nur Teile des Weltgeschehens betrachten. Hiermit wird die offenbar schon von manchen behauptete Allmacht des Veda geleugnet, dem Īśvarakṛṣṇa nur noch einen untergeordneten Platz im System der Wissenschaften einräumt. Das Sāṃkhya verhilft dagegen zu endgültiger Erkenntnis über den Ursprung des Leidens in der Welt und zur Erlösung daraus. Damit ist das Sāṃkhya als höchstes Wissen über den traditionellen Wissenschaften und der heiligen Überlieferung des Veda etabliert.

Īśvarakṛṣṇa begründet die Notwendigkeit eines neuen Systems damit, daß alles Wissen aus bloßer Wahrnehmung, wie es die traditionellen Wissenschaften lehren, aber auch die Überlieferung nur auf Wahrnehmbares abzielen und deswegen zeitlich begrenzt und unvollkommen sind. Gerade die Gründe für das Leiden der Lebewesen sind aber in einem Bereich zu suchen, der Wahrnehmung und Überlieferung verschlossen bleibt. Īśvarakṛṣṇa behauptet, im Gegensatz zu allem bisherigen Wissen sei das Sāṃkhya sowohl der Wahrnehmung als auch der Überlieferung überlegen, weil es durch diese beiden Erkenntnisquellen, darüber hinaus aber vor allem durch Schlußfolgerung, alle Gründe für die Verstrickung der Psyche in den Geburtenkreislauf kenne und deswegen die einzige Wissenschaft sei, die auch den Weg zur Befreiung daraus aufzeige. Das Sāṃkhya wird definiert als die Wissenschaft, welche das »unterscheidende Wissen vom Entfalteten, Unentfalteten und Wissenden« lehrt, aus denen sich der gesamte Kosmos zusammensetzt (SK 2). In diesem Wissen liegt das Ziel des Sāṃkhya, weil es dem Menschen den Weg zur Befreiung vom Leiden und zum Austritt aus dem Geburtenkreislauf zeigt.

Īśvarakṛṣṇas Lehre gilt für jeden Menschen ungeachtet seiner Herkunft. Er kennt keine Unterteilung in vier Stände, wie dann später der Kommentator, sondern er behauptet, in der menschlichen Welt gebe es – anders als etwa in der göttlichen – nur eine einzige Schöpfung (SK 53).

Urnatur und Selbst

Im Zentrum der Lehre des klassischen Sāṃkhya steht die Annahme von der Existenz zweier gegensätzlicher Prinzipien, aus denen der Kosmos besteht: Urnatur (*mūlaprakṛti* f.)[2] und Selbst (*puruṣa* m.). Dieser Dualismus entspricht dem des Pañcaśikha (vgl. Tafel 6), darüber hinausgehend unterscheidet Īśvarakṛṣṇa jedoch zusätzlich zwischen der Urnatur (SK 3), die schon existiert, bevor die Schöpfung in Gang kommt, weil sie ewig ist, und der Natur (*prakṛti* f.), die sich aus der Urnatur entwickelt und die Besonderungen der Schöpfung hervorbringt. Der Urnatur steht das Selbst gegenüber, das wie jene ewig ist, zugleich aber prinzipiell von ihr getrennt.

Die Urnatur ist unentfaltet (*avyakta*) und stellt somit die reine Möglichkeit dar, mit ihrer Entfaltung die Schöpfung in Gang zu setzen. Alles, was im Zuge ihrer Entfaltung entsteht, heißt »Natur« oder »Entfaltetes« und bildet die Gesamtheit der empirischen Welt. Als entfaltete Urnatur unterliegt sie Veränderungen in der Zeit. Die Natur besteht aus der gleichen Substanz wie die Urnatur und schließt auch das Bewußtsein und die psychischen Prozesse ein.

Die Urnatur ist zwar als solche nicht wahrnehmbar, sie existiert aber zweifelsfrei, was Īśvarakṛṣṇa durch die Ähnlichkeit bestimmter in Gruppen zusammengefaßter Einzeldinge der wahrnehmbaren Welt und dann dieser Gruppen untereinander beweist. Die Schöpfung besteht aus einer Fülle unterscheidbarer Einzeldinge mit gemeinsamen Merkmalen. Der Kommentar listet Menschen, Tiere, Pflanzen, Gewässer, Wüsten, Steppen, Wälder auf. Sie lassen sich unter einem höheren Begriff zu Gruppen zusammenfassen (Vögel und Vierfüßler sind Tiere). Wiederum nach gemeinsamen Merkmalen lassen sich verschiedene Gruppen unter einen Oberbegriff zusammenfassen (Tiere und Menschen sind Lebewesen). Ebenso wie aus dem sinnlich wahrnehmbaren Seienden auf immer allgemeinere Begriffe geschlossen werden kann, läßt sich aus dem Sein der Einzeldinge auf das Sein einer einzigen Substanz schließen. Wenn Vögel und Vierfüßler in einer Gruppe »Tier« zusammengefaßt werden können, setzt dies die Existenz einer gemeinsamen Substanz voraus, die in den Mitgliedern der Gruppe lediglich modifiziert erscheint. Gleiches gilt auch auf der höheren Ebene, so daß also allen Lebewesen eine gemeinsame Substanz zugrunde liegt, die sich in den Untergruppen unterschiedlich auswirkt. In letzter Konsequenz muß es darum eine einheitliche Grundsubstanz geben, die dem gesamten Weltgeschehen zugrunde liegt, die als solche zwar nicht wahrnehmbar ist, aber über ihre Manifestationen in der Natur erkannt werden kann (SK 15). Diese Grundsubstanz nennt Īśvarakṛṣṇa »Urnatur«. Sie ist die Ursache, deren Wirkung die Vielheit der wahrnehmbaren Welt der Schöpfung unter Einschluß des Menschen und seiner Psyche darstellt (SK 8). Davon ausgeschlossen ist einzig das Wesen des Menschen, sein Selbst.

Weil die Natur aus der Urnatur entspringt, besitzen beide sowohl unterschiedliche als auch gleiche Eigenschaften. Natur ist entfaltete Urnatur, die selbst unentfaltet ist. Entfaltetes hat seinen Ursprung im Unentfalteten. Die Urnatur hat keinen Ursprung, sondern ist ewig und Ursache für alles Entfaltete. Jede Besonderung der natürlichen Welt – sei es ein Ding, ein Lebewesen oder ein Gedanke – ist in sich abgeschlossen und von anderen getrennt. Die Urnatur dagegen liegt allen Dingen zugrunde, und so erfüllt sie alles. Die Einzeldinge hängen von ihrem Ursprung ab, die Urnatur dagegen ist selbst höchstes Prinzip (SK 10) und hängt von nichts anderem ab. Weil sich die Urnatur aus den Drei Bestandteilen (*guṇa* m.) Güte, Leidenschaft und Finsternis zusammensetzt, besteht auch die Natur aus ihnen (SK 12–13). Beide bringen etwas hervor – die Urnatur bringt die Natur, und die Natur bringt die Wirkung der Urnatur hervor – und sind darum erkennbar (SK 11). Einzelne Entfaltungen der Natur können bereits durch sinnliche Wahrnehmung erkannt werden, während die Urnatur erst durch Schlußfolgerung erkannt werden kann, indem von der natürlichen Wirkung auf die Urnatur als Ursache geschlossen wird.

Das Selbst (*puruṣa* m.) ist das zweite Prinzip neben der Urnatur. Es stellt keine Wirkung der Urnatur dar, sondern bildet eine vollkommen unabhängig von ihr existierende Kraft (SK 3, 11). Die einzige Gemeinsamkeit, die das Selbst und die Urnatur besitzen, ist die Ewigkeit. Im Gegensatz zur Urnatur ist das Selbst untätig, es ist reiner Geist (SK 20). Soweit scheint das Selbst ein allgemeines, überindividuelles Prinzip zu bilden, ähnlich wie das Brahman in den frühen Entwürfen. Nun heißt es aber in Strophe 18, es gebe »eine Vielzahl der Selbst«. Der anschließende Beweis macht deutlich, daß hier ein einzelnes Selbst gemeint ist, das mit dem Leben eines Menschen verknüpft ist (SK 17–19). Der Text läßt die Frage offen, wie das Verhältnis zwischen dem Selbst als Gegenpol zur Urnatur und seiner Vielzahl aufzufassen ist. Ob hier tatsächlich, wie der Kommentar andeutet, ein individuelles, unterschiedenes Selbst gemeint ist, oder nur die je individuelle Anwesenheit ein und desselben Prinzips, bleibt unklar.

Der Beweis für die Existenz des Selbst verläuft parallel zu demjenigen für die Urnatur. Ausgehend von dem Lehrsatz, ein zusammengesetztes Ding bestehe immer zu einem außerhalb seiner selbst liegenden Zweck – wie das Bett für den Schläfer –, wird aus den Bestandteilen von Urnatur und Natur geschlossen, auch sie existierten nicht um ihrer selbst willen, sondern für ein von ihnen unabhängiges Prinzip, das Selbst. Im Gegensatz zu Urnatur und Natur ist das Selbst nicht zusammengesetzt, es ist geistig – Ziel und Zweck aller Lebewesen, Grundlage aller Wahrnehmung und des Strebens nach Erlösung (SK 17–19). Das Verhältnis zwischen Urnatur bzw. Natur und dem Selbst ist ähnlich wie das zwischen Wirkursache und Zweckursache aufzufassen. Īśvarakṛṣṇa illustriert dies am Beispiel einer Lampe: Docht, Öl und Flamme bewirken im Zusammenspiel das Licht, welches den Menschen im Dunkeln sehen läßt. Ebenso wirken die Drei Bestandteile von Urnatur und Natur zusammen, um dem Menschen zur Erkenntnis und Erlösung des Selbst zu verhelfen (SK 12–13).

Die Drei Bestandteile der Urnatur

Die Urnatur besteht aus den Drei Bestandteilen (*guṇa* m.). Sie heißen Güte, Leidenschaft und Finsternis (SK 13). Da aus der Urnatur die Besonderungen der Natur entstehen, setzt sich eine jede von ihnen ebenfalls aus diesen drei Bestandteilen zusammen.

Das Sanskritwort für Bestandteile, *guṇa*, hat zwei Bedeutungen: Der einzelne »Faden«, der mit anderen zusammen eine Schnur bildet, dann aber auch eine »Eigenschaft«. Beides paßt auf die Bestandteile, aus denen die Urnatur besteht. Ein Bestandteil kommt ohne die anderen beiden nicht vor. Nur gemeinsam sind sie ein Ganzes bzw. ein Seiendes, ebenso wie der einzelne Faden erst mit mehreren zusammengedreht einen Strick bildet.

Vor Beginn der Schöpfung sind die Bestandteile in der Urnatur ausgewogen. Da es aber im Wesen der drei Bestandteile liegt, Verbindungen mit den beiden anderen einzugehen und nach einem Übergewicht über sie zu streben, verändert sich ihr Verhältnis in der Urnatur. Damit beginnt der Entfaltungsprozeß zur Mannigfaltigkeit der Welt hin. Das Ungleichgewicht der drei treibt die Veränderungen in der Welt an und verursacht damit deren ständig wechselnde Erscheinung. Die drei Bestandteile sind es also letztlich, die das Weltgeschehen in Gang setzen und halten (SK 15–16).

Die Bestandteile tragen alle Qualitäten, die in der wahrnehmbaren Welt vorkommen können. Schon ihre Namen machen deutlich, daß die Psyche hier, wie auch bei der gesamten Betrachtung, im Vordergrund steht. Sie ist für Īśvarakṛṣṇa der wichtigste Faktor bei der Untersuchung der Welt und der Erlösung daraus, da in ihr die Erkenntnis über die Andersartigkeit von Selbst und Urnatur bzw. Natur stattfindet, und nur sie somit zur Erlösung führen kann. Den Drei Bestandteilen werden ferner Eigenschaften zugesprochen: Güte wird empfunden als Zuneigung, sie ist leicht. Zur Leidenschaft gehört die Abneigung, sie wirkt anregend. Der Finsternis ist Bedrückung zu eigen, sie ist schwer (SK 12–13). Alle drei dienen einem Zweck: Güte erhellt, Leidenschaft bewegt und Finsternis lähmt.

In der Begrifflichkeit werden zwei Absichten deutlich: Zum einen zeigt sich die Bemühung, etwas ans Licht zu bringen. Es ist das Licht der Erkenntnis, in dem sich das Wissen über die beiden Prinzipien Selbst und Urnatur zeigen soll. Die Finsternis verdeckt mit ihrem Dunkel die Erkenntnis, die erhellende Güte dagegen bringt Licht. Zum anderen geht es um die Anstrengung, die Verdunkelung des Lichtes zu beseitigen.

	Eigenheit	*Zweck*	*Wirkung*
Güte	Zuneigung / leicht	Erhellung	erhellend
Leiden-schaft	Abneigung / anregend	Bewegung	bewegend
Finsternis	Bedrückung / schwer	Lähmung	verdeckend

Tafel 8: Die Drei Bestandteile (SK 12–13)

Wie die Drei Bestandteile in jeder Besonderung der Welt vorhanden sind, sei es ein Sinnesobjekt oder eine psychische Regung, so finden sie sich auch im Makrokosmos, in den drei Weltsphären:

Götterwelt	Vorherrschen von Güte
Welt der Menschen	Vorherrschen von Leidenschaft
Unterwelt der Tiere und Pflanzen	Vorherrschen von Finsternis

Tafel 9: Die Bestandteile in den Drei Weltsphären (SK 53–54)

Die Theorie zur Schöpfung, Wiedergeburt und Erlösung gilt für alle drei Welten, die das Sāṃkhya kennt, doch treten sowohl die Drei Bestandteile als auch, daraus folgend, die Seinsweisen des Verstandes – weil auch der Verstand aus den Drei Bestandteilen gemacht ist – in jeder Welt unterschiedlich verteilt auf (SK 53–54). Die wahrnehmbare Welt besteht nach Auffassung des Sāṃkhya aus drei Sphären: Unterwelt, Welt der Lebewesen und Götterwelt. Die Drei Bestandteile werden den drei Sphären der Welt solchermaßen zugeordnet, daß alle drei zwar in jeder einzelnen Sphäre vorhanden sind, jeweils eine andere aber in ihrer Sphäre dominiert. In der Götterwelt herrscht die Güte vor, in der Mitte – wo die Menschen leben – überwiegt die Leidenschaft, und in der Unterwelt der Tiere und Pflanzen die Finsternis. Da in der Welt der Götter der Bestandteil Güte vorherrscht, die sich als solche erhellend auf das Dunkel vor der Erkenntnis auswirkt, kann das nur bedeuten, daß die Götter bereits nahe an der Erkenntnis sind. Die verdunkelnde Finsternis in der Tier- und Pflanzenwelt macht sie zu einer Sphäre, in der die Kreaturen weit von der Erkenntnis entfernt sind.

In der Welt der Menschen herrscht die Leidenschaft vor, die zwar bewegt, aber dabei keine Richtung vorgibt – weder zum Licht hin, noch zum Dunkel. Der Mensch ist daher als Lebewesen ausgezeichnet, das eigene Entscheidungen treffen kann. Nur er kann aufgrund seines Erkenntnisvermögens wählen: zwischen der erlösenden Einsicht in das Wesen der Erscheinungswelt und der fortwährenden Verstrickung in sie. Somit erklären sich auch die Eigenschaften leicht und schwer von Güte und Finsternis: Da den Menschen die richtigungsneutrale Leidenschaft beherrscht, ist es zum Zwecke der Erlösung notwendig, sie auf die Güte zu richten und nicht von der Finsternis lähmen zu lassen.

Mit dem bereits bekannten Bild der Lampe läßt sich die Aufgabe der Drei Bestandteile zusammenfassen: Wie Docht, Öl und Flamme gemeinsam erst das Licht ergeben, sind auch Güte, Leidenschaft und Finsternis gemeinsam für die Funktion der Natur zuständig. Sie bewirken in rechtem Zusammenspiel das Licht der Erkenntnis, worin Selbst und Natur als voneinander unabhängig erblickt werden. Aufgabe der Natur ist es also schließlich, aus dem durch sie bewirkten Leid herauszuführen (SK 12–13):

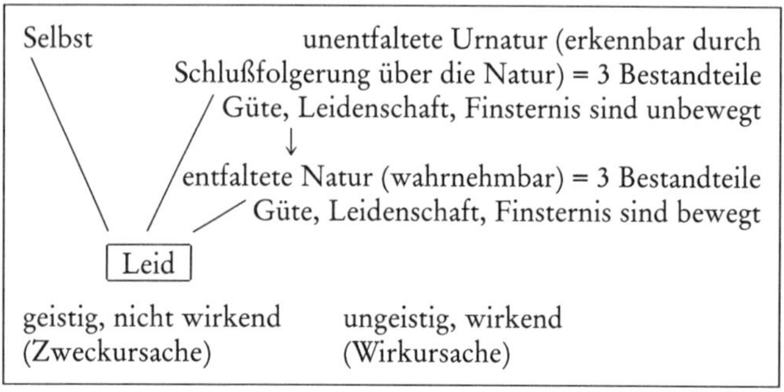

Tafel 10: Selbst – Urnatur – Natur

Schöpfung und Wahrnehmung

Das klassische Sāṃkhya baut auf diesen Voraussetzungen eine Schöpfungsreihe auf, die der des Pañcaśikha ähnlich ist. Man kann sie auch als Wahrnehmungsreihe bezeichnen, da Īśvarakṛṣṇa offensichtlich vom gegebenen Objekt ausgegangen ist und die einzelnen Stufen der Wahrnehmung des Objekts nachvollzogen hat, bis der Vorgang im Verstand seinen Abschluß findet.

Mit der Verbindung der Drei Bestandteile und ihrem Drang nach Überlegenheit beginnt die Entwicklung alles Bestehenden. Dies geschieht in Stufen, die eine Umkehrung des Wahrnehmungsvorganges darstellen (SK 22–28, 38). Als erste Differenzierung der Natur entsteht aus der Urnatur der Verstand (*buddhi* f.). Er wird wegen seiner Bedeutung auch »das Große« (*mahat* n.) genannt, weil aus ihm sich alles Weitere entwickelt, und nur er in der Lage ist, die erlösende Erkenntnis zu bewirken. Der Verstand wird als Wille definiert: Er ist das Organ, das neben dem Urteil über die Wahrnehmungen den für alles Weitere entscheidenden Entschluß faßt. Diese Entscheidung, von der Eigenschaft des mittleren Bestandteiles getrieben, kann sich nun entweder auf den oberen Bereich der Güte oder den unteren der Finsternis richten. Im ersten Falle führt das zu einem rechten Leben, im anderen zum Gegenteil davon. In dem Entschluß, sein Leben in eine bestimmte Richtung zu führen, vergewissert sich das Bewußtsein seiner selbst, und so entsteht das Ichbewußtsein (*ahaṃkāra* m.; SK 24).

Das Ichbewußtsein konstituiert nun verschiedene Vermögen und Gegenstände. Die Vermögen sind bereits bekannt: Es handelt sich um das Denkvermögen, die Fünf Wahrnehmungsvermögen Hören, Berühren, Sehen, Schmecken und Riechen sowie die Fünf Tatvermögen Sprechen, Greifen, Gehen, After und Zeugen (SK 24–28).

Parallel dazu entstehen die Fünf Reinstoffe (*tanmātra* n.), die deutliche Ähnlichkeiten mit den Eigenschaften der Elemente im Gespräch zwischen Bhīṣma und Yudiṣṭhira aufzeigen: Laut, Berührung, Gestalt, Geschmack und Geruch. Sie sind feinstofflich, also nicht sinnlich wahrnehmbar, ermöglichen aber ihrerseits die Wahrnehmung der Objekte. Aus ihnen entstehen ferner die Fünf Elemente. Wenn es die sinnlich wahrnehmbaren Objekte nicht gäbe, wäre eine Erkenntnis der Fünf Elemente unmöglich. Bei ihnen finden sich Drei Besonderheiten, die auffällig an die Drei Bestandteile erinnern: ruhig, ungestüm und verwirrt (SK 38). Der Kommentar bringt die drei auch entsprechend mit Güte, Leidenschaft und Finsternis zusammen.

Damit ist die gesamte natürliche Welt, ob sinnlich wahrnehmbar oder erst durch Schlußfolgerung erkennbar, in ein einheitliches System eingeordnet.

Die Darstellung der Schöpfung im klassischen Sāṃkhya läßt sich ebensogut als Entwicklungsprozeß eines individuellen Bewußtseins verstehen. Die Fünf Elemente, die ja zunächst zur Erklärung der äußeren, unbelebten Natur dienen, werden anscheinend noch aus einem anderen Grunde eingeführt. In der Sāṃkhyakārikā dienen sie zur Unterscheidung des feinstofflichen Körpers – gemeint ist

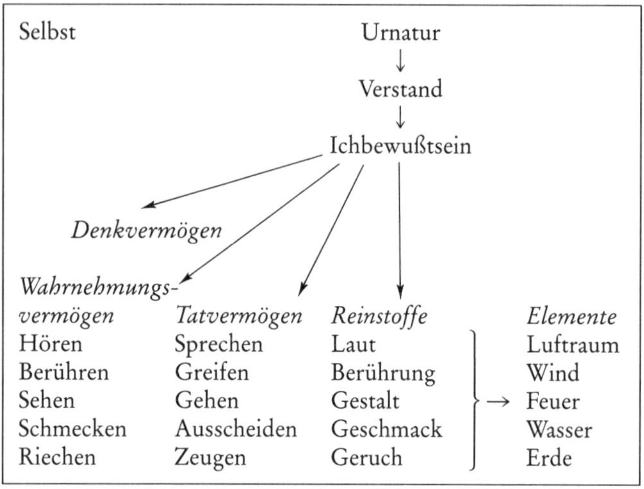
Selbst
Urnatur
Verstand
Ichbewußtsein
Denkvermögen
Wahrnehmungs-vermögen
Hören
Berühren
Sehen
Schmecken
Riechen
Tatvermögen
Sprechen
Greifen
Gehen
Ausscheiden
Zeugen
Reinstoffe
Laut
Berührung
Gestalt
Geschmack
Geruch
Elemente
Luftraum
Wind
Feuer
Wasser
Erde

Tafel 11: Schöpfung im klassischen Sāṃkhya

der psychische Organismus – von dem grobstofflichen Körper, seiner leiblichen Hülle.

Grober und feiner Körper

Jedes Glied der Schöpfungsreihe hat eine ihm zugewiesene Aufgabe, doch wirken sie erst in Verbindung miteinander sinnvoll als Mittel zum Zweck des Selbst. Verstand, Ichbewußtsein, Denkvermögen, die Fünf Wahrnehmungs- und die Fünf Tatvermögen bilden ein aus dreizehn Teilen zusammengesetztes »Werkzeug« (SK 32), das in ein inneres und ein äußeres unterteilt wird. Das innere Werkzeug besteht aus dem Verstand, dem Ichbewußtsein und dem Denkvermögen und schafft zeitliche Kontinuität, indem es psychische Eindrücke speichert. Es ist selbst wirkend tätig, indem es das äußere Werkzeug schafft, welches nur in der Gegenwart handelt. Das äußere sind die Fünf Wahrnehmungs- und die Fünf Tatvermögen (SK 33). Die äußeren und inneren Werkzeuge arbeiten Hand in Hand zusammen, wobei aber auch ein jedes seine ihm eigene Aufgabe übernimmt (SK 31). Sobald ein Werkzeug seine Arbeit verrichtet hat, indem es einen seinem Vermögen zugehörigen Gegenstand der Außenwelt aufgenommen hat, leitet es das Objekt an das nächste Werkzeug weiter. Die Tatvermögen haben ihre Aufgaben in Reden, Nehmen, Hin- und Hergehen, Entleeren und Lust; die Wahrnehmungsvermögen sind fähig zu hören, zu berühren, zu sehen, zu schmecken und zu riechen, also wahrzunehmen, was von Elementen und Reinstoffen ausgeht (SK 26, 28, 34). Das Denkvermögen bündelt die Informationen (SK 27) und leitet sie an das Ichbewußtsein weiter, wo sie in ein Verhältnis zum Individuum gebracht werden und dabei zum ersten Mal Form annehmen. Der Verstand bereitet das Wahrgenommene auf und bringt es dem Selbst zur Ansicht (SK 37).

Verstand, Ichbewußtsein, Denkvermögen, die Fünf Wahrnehmungs- und die Fünf Tatvermögen und die Fünf Reinstoffe haben ein jedes für sich eine Aufgabe, müssen aber zusammenwirken, damit sie eine Funktion ausüben können. Die gemeinsame Funktion schließt sie zu einer Einheit zusammen, welche seit der ersten Bewegung der Drei Bestandteile der Urnatur den ständiger Veränderung unterliegenden Strom von Bewußtseinsinhalten enthält. Hier führt die Sāṃkhyakārikā einen zentralen Begriff ein, den des Seelenmerkmals (*liṅga* n.), das von manchen als feiner Körper angesehen wird (SK 39).[3] Es ist die erste Hervorbringung der Urnatur, aber im Gegensatz zu allen anderen unabhängig und beständig, bis es schließlich – wenn die Erkenntnis erlangt wird – wieder eingeht in die Urnatur. Es bildet die Ganzheit aller psychischen Vorgänge und entspricht einem Speicher aller Werke, der das Lebewesen so konstituiert, wie es sich empirisch in der Welt findet. Das Seelenmerkmal erhält sich über die Wiedergeburten hinweg, verändert allerdings dabei seine Inhalte entsprechend den Werken (SK 40). Damit unterscheidet es sich von dem grobstofflichen Körper, der aus den Elementen besteht und sich nach dem Tode auflöst (SK 39). Gleichzeitig benötigt das Seelenmerkmal den groben Körper, um überhaupt zum Ausdruck zu kommen. Es gleicht deswegen einem Gemälde, das erst durch seinen Untergrund, die Farben und die schöpferische Kraft des Künstlers ein Ganzes wird (SK 41).

Das Seelenmerkmal ist einem »Charakter« ähnlich, da es von den natürlichen Anlagen geprägt ist, die durch die Drei Bestandteile festgesetzt sind, aber unabhängig insofern, als die Entscheidung innerhalb der Grenzen, welche die Bestandteile ziehen, frei bleibt: Durch seine vergangenen Entscheidungen hat sich der Verstand die Bestandteile zusammengesetzt, wie sie ihn gegenwärtig bestimmen, ohne daß er sich aber völlig freimachen könnte von ihrem Einfluß. Bei jeder neuen Entscheidung wirken die alten mit, insofern sie die Ausgangslage des Verstandes bestimmen. Da die Entscheidung vom Verstand abhängt, der sich wiederum aus der Wahrnehmung durch die Vermögen speist, ist das Seelenmerkmal das Merkmal der Natur, wie sie sich als Bewußtsein im Individuum findet. Je nachdem, wie sich die Bestandteile in den einzelnen Gliedern Verstand, Ichbewußtsein etc. im Laufe der Zeit zusammengesetzt haben, wie also die gegenwärtige Mischung beschaffen ist, ist auch das Seelenmerkmal geformt. Īśvarakṛṣṇa vergleicht es damit, wie die Form des Schattens von dem Gegenstand abhängt, der ihn wirft. Der psychische Organismus ist im Seelenmerkmal zusammengefaßt, weil er erst dadurch seine Aufgabe zum Zweck des Selbst erfüllen kann. Das Seelenmerkmal, als Wirkung der Urnatur und deswegen in kausalem Zusammenhang mit ihr stehend, wird zum Vermittler zwischen Urnatur und Selbst. Die Entscheidung für diese Vermittlerrolle ist ihm aber nicht freigestellt, sondern es ist dazu gezwungen, weil seine »Bewohner« als Teil der Natur seine Aufgabe bestimmen (SK 42).

Seinsweisen des Verstandes und ihre Auswirkungen

Mit der Schöpfungsreihe ist die Welt erklärt, so wie sie dem Verstand erscheint. Ziel auch dieser Überlegungen ist die Erlösung. Von besonderer Bedeutung sind daher die psychischen Vorgänge. Sie sind verantwortlich für die Bindung des Selbst an das Leid und an den Geburtenkreislauf. In der Sāṃkhyakārikā sind Acht Seinsweisen (*bhāva* m.) unterschieden, welche von der grundlegenden Entscheidung des Verstandes abhängen; d.h., ob er sich an dem lichten, oberen Bereich des Bestandteiles Güte orientieren will oder an dem unteren der Finsternis. Die Acht Seinsweisen sind darum in vier der Güte zugeordnete und in vier qualitativ entgegengesetzte eingeteilt, in denen die Finsternis überwiegt. Als Produkt der Natur sind auch sie aus den Drei Bestandteilen zusammengesetzt. Sie können natürlich sein, also durch karmische Faktoren von Geburt an bestehen, oder erworben, also durch äußere Faktoren bewirkt sein. Die Entscheidung für eine der Seinsweisen, sei es in einer früheren Geburt oder im gegenwärtigen Leben, gibt dem Verstand seine Gestalt (*rūpa* n.).

Im einzelnen sind es Recht (*dharma* m.), Unrecht (*adharma* m.), Wissen (*jñāna* n.), Nichtwissen (*ajñāna* n.), Leidenschaftslosigkeit (*vairāgya* m.), Leidenschaft (*avairāgya* m.), Macht (*aiśvarya* n.), Ohnmacht (*anaiśvarya* n.; SK 43).

Nur in einer Gestalt erreicht der Verstand die befreiende Loslösung vom Selbst, nämlich im Wissen. In den anderen sieben bindet sich der Verstand, wobei aber Recht, Leidenschaftslosigkeit und Macht auf dem Weg zur Loslösung förderlich sind; Unrecht, Leidenschaft, Ohnmacht und das Nichtwissen dagegen in die entgegengesetzte Richtung führen (SK 63). Wer ein rechtliches Leben führt, kommt bei seiner nächsten Geburt in Welten, in denen bessere Voraussetzungen zum Erreichen der Erlösung gegeben sind. Das Wissen fördert die befreiende Einsicht, die zur

Seinsweisen	
Güte überwiegt	Finsternis überwiegt
Recht	Unrecht
Wissen	Nichtwissen
Leidenschaftslosigkeit	Leidenschaft
Macht	Ohnmacht

Tafel 12: Seinsweisen des Verstandes

Erlösung führt. Leidenschaftslosigkeit bewirkt Distanz des psychischen Organismus von den Bindungen an die Natur; Macht die Unangreifbarkeit durch die Drei Leiden. Ein den gesellschaftlichen Normen gemäßes Leben schafft gute Voraussetzungen in der Wiedergeburt, so daß die Erlangung des Wissens möglich wird, das den psychischen Prozeß anhält und damit die Produktion von Werken beendet. Durch Leidenschaftslosigkeit wird der psychische Organismus auf das reduziert, was er seinem Wesen nach ist, nämlich reine Natur, so daß endlich die Macht gegeben ist, dem Leiden der Welt zu entkommen. Umgekehrt erschweren oder verhindern die der Finsternis zugeordneten Seinsweisen den Erlösungszweck (SK 44–45).

Der Text weist eigens darauf hin, daß diese Seinsweisen das neue Leben bereits unmittelbar nach der Zeugung prägen (SK 43). Während der Verstand also die bewußte Entscheidung für ein rechtes oder unrechtes Leben fällt, wird mit den Seinsweisen insgesamt die psychische Disposition des einzelnen erklärt, die allen bewußten Entscheidungen vorangeht. Allgemein indischer Auffassung folgend, wird diese Prädisposition als Frucht vergangener Werke dargestellt.

Seinsweisen	*Auswirkung*
Recht	»nach oben kommen« = Wiedergeburt in einer für die Erlösung günstigen Welt
Wissen	Förderung der Loslösung
Leidenschafts-losigkeit	Verschwinden der Natur in der Urnatur als Umkehrung des Schöpfungsprozesses
Macht	Unangreifbarkeit

a. Die zur Erlösung führenden Seinsweisen

Seinsweisen	*Auswirkung*
Unrecht	»nach unten kommen« = Wiedergeburt in einer für die Erlösung ungünstigen Welt
Nichtwissen	Förderung der Bindung zwischen Selbst und Natur
Leidenschaft	Haften am Geburtenkreislauf, mit Leiden verbunden
Ohnmacht	Leiden

b. Die Erlösung behindernden Seinsweisen

Tafel 13: Seinsweisen und ihre Auswirkung auf die Erlösung

Fünfzig Vorstellungen

Nachdem mit den Acht Seinsweisen die Voraussetzungen im weiteren Sinne betrachtet wurden, behandelt Īśvarakṛṣṇa nun das Bewußtsein. Der Autor erklärt anhand einer Liste von 50 Vorstellungen (*pratyaya* m.), wie der Verstand auch selbst schöpferisch tätig werden kann. Gemäß der Erlösungsabsicht werden zunächst vier Hauptgruppen unterschieden. Drei davon sind abträglich, eine zuträglich: Irrtum (*viparyaya* m.), Unfähigkeit (*aśakti* f.), Zufriedenheit (*tuṣti* f.) und Vollkommenheit (*siddhi* f.).[4] Diese Hauptgruppen werden weiter untergliedert: Die Kategorie Irrtum spaltet sich in fünf Gruppen auf, die Unfähigkeit in 28, die Zufriedenheit in neun und die Vollkommenheit in acht. Aus diesen Aufspaltungen ergeben sich insgesamt 50 Vorstellungen (SK 46–47). Auch sie werden noch einmal unterteilt, wobei der Text allerdings selbst keine Angaben mehr darüber macht, die erst in den Kommentaren erfolgen. Ihr Zustandekommen wird wie das der Acht Seinsweisen mit den Drei Bestandteilen erklärt, die in jeder Kategorie ungleich verteilt vorhanden sind:

Irrtum	Finsternis, Verwirrung, große Verwirrung, Unmut, blinder Unmut
Unfähigkeit	Beeinträchtigungen der Vermögen
Zufriedenheit	Falsche Vorstellungen, die zur Genügsamkeit führen, ohne die entscheidende Erkenntnis erlangt zu haben
Vollkommenheit	Prüfen, Wort, Studium, Abwehr der Drei Leiden, Umgang mit förderlichen Personen, Freigebigkeit

Tafel 14: 50 Vorstellungen

Irrtum (SK 48)

Irrtum kann Finsternis, Verwirrung, große Verwirrung, Unmut und blinden Unmut bedeuten.

Finsternis bezeichnet den Irrtum, das Selbst fälschlicherweise mit der Urnatur oder ihren Entfaltungen zu identifizieren, also mit Verstand, Ichbewußtsein oder den Fünf Elementen.

Verwirrung heißt es, wenn die Menschen nach den acht übernatürlichen Kräften streben, die es ermöglichen, daß man so klein wie ein Atom oder besonders groß wird, sehr leicht oder sehr schwer, daß man alles durchdringen kann, alle Wünsche erfüllt bekommt, daß man Herr wird über die natürlichen Kräfte und Glückseligkeit erfährt. Schon vor dem Sāṃkhya gab es Traditionen in Indien, die meinten, durch strenge Askese und körperliche Übungen könne der Mensch solche übernatürlichen Kräfte erlangen, die Vedas schildern zahlreiche Beispiele dafür. Das Sāṃkhya aber lehnt ein solches Streben ab, da diese Kräfte nicht nur die wahre Erkenntnis nicht fördern, sondern den nach ihnen Strebenden zudem vom rechten Wege abbringen. Zauberei und Wundertaten gehören zum Bereich der Natur.

Große Verwirrung kann zweierlei bedeuten: Materielles Verlangen oder enge Bindung an Verwandte und Bekannte, wodurch die Befreiung aus der natürlichen Welt erschwert wird.

Unmut entsteht, wenn materielles Verlangen nicht befriedigt wird oder soziale Bindungen Anlaß zum Ärger geben.

Blinder Unmut übertrifft den Unmut, indem man sich trotz des Unmutes über die Objekte des Begehrens weiterhin an sie klammert.

Unter der Kategorie Irrtum sind falsche Vorstellungen zusammengefaßt, die das Leiden in der Welt fördern. Der grundlegende Fehler besteht darin, daß das Selbst mit den Erscheinungen der Natur verwechselt wird. Er erzeugt das »Dunkel«, dem es mit Hilfe des Wissens zu entfliehen gilt. Daraus resultiert, indem der Mensch nun Herrschaft über die äußere Welt zu erlangen trachtet, Verwirrung. Eine Steigerung dieses Strebens über die natürliche Welt besteht darin, daß es nur auf einzelnes darin zielt. Die Große Verwirrung richtet sich entweder auf materielle Güter oder aber auf soziale und führt noch weiter vom Ziel der Erlösung ab. Leidvoll wird das Streben, wenn die Begierden nicht befriedigt werden, so daß Unmut entsteht. Wenn solcher Unmut nicht zum Anlaß genommen wird, ihm und dem Leid selbst zu entkommen, heißt das blinder Unmut. Trotz des Leidens in der Welt klammert sich das Bewußtsein an sie und vermehrt dadurch wiederum sein Leiden.

Unfähigkeit (SK 49)

Unfähigkeit entsteht durch Verletzungen des Denkvermögens sowie der Wahrnehmungs- und Tatvermögen, wodurch sie zu Störungen des Verstandes führt. Physische Beeinträchtigungen bewirken Leid, vor allem aber die Beeinträchtigung der Verstandestätigkeit. Die siebzehn Vorstellungen, die aus Fehlern der Verstandesarbeit entspringen, verursachen Fehleinschätzungen der eigenen Position in der Welt. Sie betreffen die im folgenden aufgeführten Vorstellungsgruppen Zufriedenheit und Vollkommenheit.

Zufriedenheit (SK 50)

Die neun Arten der Zufriedenheit bezeichnen falsche Vorstellungen, die aus mangelndem Eifer entstehen, z.B. wenn man, anstelle des Selbst, Urnatur, Natur, Zeit und Schicksal als höchstes Prinzip anerkennt. Ebenso falsch ist die Abkehr von der Außenwelt, wenn sie nicht aus wahrer Erkenntnis heraus geschieht, sondern aufgrund der Mühsal, sich mit ihr auseinanderzusetzen, oder weil man weiß, daß sie vergänglich ist.

Hier geht es um eine Art seelischer Schlaffheit: Der Verstand gibt sich vorschnell mit seinen falschen Auffassungen zufrieden und erkennt nicht, daß er dadurch um so tiefer in das Leid hineingerät. Selbst die Abkehr von der äußeren Welt ist ein Fehler, solange sie nur aus Bequemlichkeit resultiert.

Vollkommenheit (SK 51)

Die Vollkommenheiten sind: Prüfen, Wort, Studium, Abwehr der Drei Leiden, Umgang mit förderlichen Personen und Freigebigkeit. Der Kommentator erklärt die Begriffe der Reihe nach als Betrachtung, die zur Erkenntnis führt, Mitteilung der Erkenntnis durch einen Lehrer im Wort, das Erwerben der Erkenntnis durch Studium. Die Drei Leiden wurden zu Beginn der Sāṃkhyakārikā genannt: das aus der Person selbst, das von außen und das von den himmlischen Mächten kommende. Auf drei positive Vollkommenheiten und drei negative folgen zwei soziale: Eine gedeihliche Umgebung und Zuwendung zu anderen.

Die Vorstellungen, welche die erlösende Erkenntnis fördern, verhelfen zur Überwindung der in den drei übrigen Gruppen genannten negativen. Die Vollkommenheiten geben einen Regelkatalog, der dem Schüler ermöglicht, auf den rechten Weg zur Einsicht zu gelangen. Damit sind die Voraussetzungen genannt, die für die Erlösung erforderlich sind.

Leid und Erlösung

Alles Bisherige ist noch als Vorbereitung zu betrachten. Mit dem Begriff des Seelenmerkmals wird nicht nur ein Grund für die Identität des empirischen Bewußtseins angegeben, sondern zugleich auf jenes andere verwiesen, dessen Merkmal es ist – auf die Urnatur. Im Seelenmerkmal spielt sich nicht nur die Erfahrung des Leidens ab, sondern in ihm liegt zugleich die Möglichkeit zu dessen Überwindung. Solange das Merkmal noch wirksam ist, bleibt der Mensch im Leid befangen (SK 55). Einziger Zweck, nicht nur des Seelenmerkmals, sondern der Natur insgesamt, ist aber nun die Trennung oder die Unabhängigkeit vom Selbst. Diesen Zweck verfolgen sie gleichsam unbewußt, wie auch die Milch das Kalb nährt, ohne dies jedoch mit einer bewußten Absicht zu tun (SK 57). Einziger Zweck aller Besonderungen der Natur und damit auch allen Leidens ist die Unabhängigkeit – die gesamte Schöpfung verfolgt keinen anderen Zweck. Īśvarakṛṣṇa gebraucht das Bild einer Tänzerin, um den theatralischen Charakter des Weltgeschehens zu verdeutlichen: Sie verläßt nach Beendigung ihrer Aufgabe die Bühne und entschwindet damit den Blicken des Zuschauers, womit hier natürlich das Selbst gemeint ist (SK 59). Sie erweist damit aber nicht nur dem Selbst einen Dienst, sondern – allerdings ohne diese Absicht zu verfolgen – auch sich selbst. Indem sie vom Selbst erkannt wird und damit ihr Zweck erfüllt ist, kommt sie zur Ruhe und wird ihrerseits unabhängig. Diese Trennung ist endgültig: Ist die Natur erst einmal erkannt, wird sie niemals wieder ins Blickfeld des Selbst treten, ebenso wie eine keusche Jungfrau, die den Betrachter nicht verführen und ihre Keuschheit nicht verlieren will (SK 60–61).

Nun wird die zunächst verblüffende Mitteilung gemacht, daß in Wahrheit weder eine Bindung des Selbst an das Weltgeschehen, noch eine Erlösung daraus existierten. Auch diese Vorstellungen gehören noch dem Bereich der Natur an und sind nur auf ihren Daseinszweck projiziert: das Selbst (SK 62). Aus der Wahrheitssuche entsteht nun die zweifelsfreie Erkenntnis, das für die Sāṃkhyakārikā zentrale Wissen. Im knappen Text heißt es: Es existieren weder Subjekt noch Objekt, also weder der Schauende (Selbst), noch das Geschaute (Natur), noch das Bewußtsein, welches diese Unterscheidungen trifft. Da dieser Erkenntnis kein Irrtum mehr anhaftet, mag es sich dabei um eine intuitive Erkenntnis oder Erleuchtung handeln (SK 64). In diesem Moment sieht das Selbst, wie die entfaltete Natur in sich selbst zurückkehrt. Von den Acht Seinsweisen existiert nun nur noch das Wissen, so daß sich die übrigen sieben mitsamt dem Seelenmerkmal wieder einfalten. Dabei verschwindet der gesamte psycho-physische Organismus in der Schau, da er diese ermöglicht und somit seinen Zweck erfüllt hat (SK 65–66). Damit sind auch sämtliche Früchte der Werke der vergangenen und des jetzigen Lebens ausgelöscht. Der Körper des Wissenden besteht allerdings weiter, da zwar die Gründe für sein Vorhandensein ausgelöscht sind, das Moment ihrer Bewegung aber noch eine Zeit weiter wirkt (SK 67). So ist nun endgültig die Unabhängigkeit erlangt, die Schau des Selbst wird niemals wieder einem Zweck dienen müssen (SK 68).

Das Sāṃkhya-System vereint traditionelle Züge mit Gedanken, die zukunftsweisend sind. Auf der einen Seite geht es von einer Kosmogonie aus, die in den älteren Texten entwickelt wurde, auf der anderen Seite macht Īśvarakṛṣṇa in seinem Lehrgedicht immer wieder deutlich, daß die Absicht einzig und allein darin besteht, den Menschen von seinem Leiden in der Welt zu befreien. Die Schöpfungsreihe verfolgt den Zweck, das Bewußtsein des Menschen zu erklären, so wie es sich in der Welt befindet. Da sind einerseits Faktoren, auf die es keinerlei Einfluß hat – seine Leiblichkeit, die Umgebung und die gesamte äußere Natur. Von außen kommen aber auch Anstöße, das Leben auf unterschiedliche Weise zu gestalten. Hier muß das Bewußtsein eine Wahl treffen und wird feststellen, daß seine Wahl sein Leiden vermehrt oder vermindert. Gesellschaftliche Institutionen, vor allem ein guter Lehrer, können den Anstoß geben, sich der Erlangung des rechten Wissens zu widmen. Im Verlaufe seines Studiums erkennt der Schüler die komplexen Strukturen, die ihn an die Erscheinungen der Natur binden und dadurch Leid verursachen. Ihre Analyse führt zum Durchbruch, der einerseits das Bewußtsein als Verursacher von Leid ausschaltet, andererseits das wahre Selbst zur Geltung kommen läßt.

Was in den Vedas noch als Ātman und Brahman kosmische Gültigkeit besaß, wird im Sāṃkhya zu pragmatischen Prinzipien, die der Erlösung dienen sollen. Indem es vom empirischen Menschen ausgeht, setzt das Sāṃkhya von vornherein eine Dualität. Die menschliche Natur, sowohl in ihrer leiblichen als auch ihren unterbewußten und bewußten Aspekten, ist in ständiger Bewegung. Diese Bewegung mag zwar vorübergehend Befriedigung verschaffen, aber selbst diese hebt das Leid nicht auf. Die Natur des Menschen ist mit sich selbst nicht zufrieden und sehnt sich nach einem Zustand der Ruhe. Dieses Streben resultiert aus der scheinbaren Verbindung mit dem Selbst, dem Subjekt. Beider Verhältnis wird als eine Art Zwangsehe empfunden, in der kein Partner die Erfüllung seines Wesens findet. Die Unabhängigkeit beider voneinander ist das Ziel dieser empirischen Verbindung, es kann aber nur durch das bewegende Prinzip der Natur, genauer des Bewußtseins, erreicht werden, denn das Selbst ist untätig. Abstrakter formuliert, liegt das Ziel des Menschen in der Selbstwerdung, in der Unabhängigkeit von der Natur – sowohl der äußeren wie auch der inneren.

Das System des Sāṃkhya bildet die Grundlage für den Yoga, in dem allerdings die praktische Seite des Erlösungsweges im Vordergrund steht. Grundgedanken des Sāṃkhya werden im Yoga weiterentwickelt und münden in eine Bewußtseinspsychologie, in der vom alten Dualismus kaum noch etwas wiederzuerkennen ist.

2. Die Sāṃkhyakārikā des Īśvarakṛṣṇa
Übersetzung der Originalquelle aus dem Sanskrit

(1) Weil einen die Drei Leiden [verursacht 1. durch einen selbst, 2. durch andere Lebewesen, 3. durch himmlische Mächte] angreifen, entsteht der Wunsch nach Wissen darüber, wie sie abzuwehren sind. Falls [dem einer widerspricht]: »Weil es [Erkenntnis aus] Wahrnehmung gibt, ist [der Wunsch nach über sie hinausgehendem Wissen] nutzlos«, [ist zu entgegnen]: »Nein, weil [solche Erkenntnis] nicht vollkommen und nicht beständig ist«.[5]

(2) Was für die Wahrnehmung gilt, [trifft] auch auf die glaubwürdige Überlieferung[6] [zu]; sie ist nämlich verbunden mit Unreinheit, Vergänglichkeit [des erzielten Erfolges],[7] Unterlegenheit [in bezug darauf, daß es noch etwas darüber hinaus gibt, das nicht durch Wahrnehmung oder Überlieferung zu erkennen ist]. Im Gegensatz dazu gibt es Besseres, das sich herleitet aus dem unterscheidenden Wissen über Entfaltetes, Unentfaltetes und den Wissenden.

(3) [Diese drei machen die Schöpfung aus. Entfaltetes ist die Natur, Unentfaltetes die Urnatur, der Wissende ist das Selbst.] Die Urnatur ist nicht geschaffen, [sondern existiert durch sich selbst]. Die Sieben, angefangen mit dem Großen [der Verstand, zudem das Ichbewußtsein und die Fünf Reinstoffe], sind [produktive] Natur und geschaffen [indem die Urnatur sich umgestaltet]. Die Gruppe der Sechzehn [nämlich das Denkvermögen, die Fünf Wahrnehmungsvermögen, die Fünf Tatvermögen und die Fünf Elemente][8] aber ist eine Umgestaltung [der Natur]. Nicht Natur, nicht geschaffen ist das Selbst.

(4) Wenn man alle Mittel zusammenstellt und vergleicht, die es erlauben, eine Sache richtig abzumessen und damit zu begreifen, wird sich zeigen, daß letztendlich alle auf Wahrnehmung, Schlußfolgerung und zuverlässige Mitteilung zurückgehen. Sie gelten als das dreifache Erkenntnis-

mittel für richtiges Wissen: [Alles] was abgemessen und begriffen werden kann, wird nämlich bewiesen durch ein Erkenntnismittel.

(5) Entscheidung in Hinblick auf jeden einzelnen Objektbereich ist Wahrnehmung. Dreifach ist Schlußfolgerung: Sie basiert auf Merkmalen und Merkmalsträgern.[9] Was aber man gehört hat und für glaubwürdig halten kann, ist zuverlässige Mitteilung.

(6) Verständnis von dem aber, was jenseits der Vermögen liegt, ist möglich durch Schlußfolgerung, die [sich] auf die Wahrnehmung von Gleichartigem [stützt].[10] Und hat sich auch von daher nicht ergeben, was sich den Augen entzieht, wird es sich durch überlieferte Lehren [schließlich] ergeben.

(7) [Wenn etwas nicht durch die Vermögen erfaßt wird], kann das seinen Grund darin haben, daß es allzu fern [oder] allzu nah ist, daß die Vermögen verletzt sind, daß das Denkvermögen unstet ist, daß es [allzu] fein [oder] verdeckt ist, daß es von anderen Dingen überlagert ist, und daß es mit gleichen Dingen vermischt ist.

(8) Etwas kann nicht deswegen nicht in Erfahrung gebracht werden, weil es nicht ist, sondern weil es [allzu] fein ist. [Urnatur kann als solche nicht in Erfahrung gebracht werden. Durch ihre] Wirkung [aber] kann sie in Erfahrung gebracht werden. Angefangen mit dem Großen ist [alles ihre] Wirkung. Sie gleicht [der Urnatur] in ihrer Gestalt und gleicht ihr [auch] nicht.

(9) Weil aus Nichtseiendem nichts entstehen kann, weil [durch die Wirkung] eine Grundlage zu erfassen ist, weil Bestehendes nicht aus allem entstehen kann, weil Fähiges [nur] bewirkt, wozu es fähig ist, und weil eine [bestimmte] Ursache existiert, [gibt] es eine bestimmte Wirkung.

(10) Entfaltetes hat einen Grund, es dauert nicht ewig, es erfüllt nicht alles, es ist tätig, vielfältig, es stützt sich auf etwas, es ist ein Merkmal, es besteht aus Teilen, es ist abhängig; [insofern] ist Unentfaltetes das Gegenteil.

(11) Die Voraussetzung [das Unentfaltete] ist identisch mit dem Entfalteten [in folgenden Eigenschaften]: Sie besteht aus den Drei Bestandteilen, sie ist ununterschieden [von dem Entfalteten], sie ist der Objektbereich, sie ist gleich [für jedes Selbst], sie ist ungeistig, sie besitzt die Eigenschaft zum Gebären. In bezug auf die identischen [Eigenschaften von Entfaltetem und Unentfaltetem] ist das Selbst[11] das Gegenteil.

(12) Die Bestandteile [werden folgendermaßen erfahren]: Zuneigung, Abneigung, Bedrückung sind ihnen eigen; Erhellung, Bewegung, Lähmung sind ihre Zwecke; und ihre Tätigkeit besteht darin, einander zu überlagern [und] sich aufeinander zu stützen, [zudem auch] zeugend sich zu verbinden.

(13) Güte gilt als leicht, erhellend; anregend und bewegend die Leidenschaft; schwer, verdeckend die Finsternis; und wie eine Lampe [mit ihren verschiedenen Bestandteilen das Leuchten zur Aufgabe hat], gilt [ihrer aller] Tätigkeit einem [einzigen] Zweck.

(14) [Die Eigenschaften des Entfalteten] – angefangen dabei, daß es ununterschieden [vom Unentfalteten] ist – ergeben sich daraus, daß sie aus den Drei Bestandteilen bestehen. [Weiter kann man folgern]: Weil [das Selbst] das Gegenteil davon ist, sind [die Drei Bestandteile in ihm] nicht vorhanden. In bezug auf das Unentfaltete ergibt sich ferner [die Schlußfolgerung, daß es aus den Drei Bestandteilen besteht], weil der Wirkung die Bestandteile der Ursache eigen sind.

(15) Weil die Mannigfaltigkeiten [der Natur] endlich sind, weil sie übereinstimmende [Merkmale] haben, weil eine Tätigkeit [nur] von der Fähigkeit [dazu herrühren kann], weil die Wirkung [immer] Teil einer Ursache ist, weil sie [aber] nicht teilhat an der Allgestaltigkeit [der Natur als Ganzes], (16) gibt es eine Ursache. Sie ist das Unentfaltete. Sie wird tätig, weil die Drei Bestandteile [in ihr] gegeben sind und [in ihr] zusammenfließen, [und] weil sich

die Bestandteile verändern, je nachdem wie sie sich aufeinander stützen. [Dabei verhält es sich wie mit [dem Geschmack von] Wasser: [Obwohl das Wasser einen ihm eigentümlichen Geschmack hat, kann er doch sauer, bitter und süß werden].

(17) Es gibt das Selbst, weil ein jedes aus Teilen zusammengesetztes Ganze etwas anderes zum Zweck hat; weil etwas das Gegenteil ist zu dem, was anfängt mit dem aus den Drei Bestandteilen Zusammengesetzten; weil etwas über [Entfaltetem und Unentfaltetem] steht; weil ein Empfindender existiert; und weil Tätigkeit nur zum Zweck der Unabhängigkeit [stattfindet].

(18) Die Vielzahl der Selbst ergibt sich aus der allgemeinen Regel für Geburt, Tod [und Sinnes-]Werkzeug, und aus [deren] ungleichzeitigen Tätigkeiten [die Lebenden haben ein Selbst, die Toten aber nicht], und eben daraus, daß zu [all dem], was aus den Drei Bestandteilen besteht, ein Gegenteil [ein Selbst] bestehen muß.

(19) Und weil es das Gegenteil ist, ergibt sich für das Selbst: Es ist Zeuge, es ist unabhängig, es ist neutral, es ist Zuschauer, es wirkt nicht.

(20) Wegen dieser ihrer Verbindung [von Selbst und dem aus den Drei Bestandteilen Zusammengesetzten] erscheint das ungeistige Seelenmerkmal geistig zu sein, [und] obwohl die tätige Kraft nur in den Bestandteilen steckt, erscheint derjenige, der darüberthront [d. h. das Selbst], ebenso wie der Täter.

(21) Zweck des Selbst ist die Sicht, ebenso wie die Unabhängigkeit Zweck der Voraussetzung [Natur] ist. Wie des Lahmen mit dem Blinden ist auch der beiden Verbindung. Daraus gemacht ist die Schöpfung.

(22) Aus der Natur entsteht das Große [der Verstand], daraus das Ichbewußtsein und daraus die Sechzehnergruppe [das Denkvermögen, die Zehn Vermögen und die Fünf Reinstoffe], und aus den Fünf [Reinstoffen] innerhalb der Sechzehnergruppe [wiederum entstehen] die Fünf Elemente.

(23) Entscheidung ist Verstand. [Wenn er sich nach] Recht, Wissen, Leidenschaftslosigkeit, Macht [richtet], ist seine Gestalt vom Bestandteil »Güte« beeinflußt; beeinflußt von der Finsternis [richtet] er sich auf das Entgegengesetzte.

(24) Sich seiner selbst bewußt sein, ist Ichbewußtsein. Dadurch wird eine zweifache Schöpfung tätig: Sowohl die Elfergruppe [das Denkvermögen, die Fünf Wahrnehmungsvermögen und die Fünf Tatvermögen] als auch die Fünfergruppe der Reinstoffe.[12]

(25) Die vom Bestandteil »Güte« beeinflußte Elfer [-gruppe] wird aus dem Ichbewußtsein heraus tätig, sie wird als »durch Umgestaltung geschaffen« bezeichnet. Aus dem »Ursprung der Elemente« [dem Ichbewußtsein] heraus [wird] der vom Bestandteil Finsternis beeinflußte [fünffache] Reinstoff [tätig]. Aus dem »Flammenden« heraus [der Aktivität des Bestandteils Leidenschaft aber werden] beide [erst tätig].

(26) Sehen, Hören, Riechen, Schmecken, Berühren werden Wahrnehmungsvermögen genannt; Sprechen, Greifen, Gehen, After,[13] Zeugen benennen die Tatvermögen.

(27) In bezug darauf hat das Denkvermögen die Eigentümlichkeit beider [von Wahrnehmungs- und Tatvermögen]. Es bringt [deren Tätigkeit] in einen Zusammenhang, und es ist ein Vermögen aufgrund der Übereinstimmung [mit ihnen]. Weil die Veränderungen der [Drei] Bestandteile [jeweils wieder ihre] Besonderheiten haben, ergibt sich die Verschiedenartigkeit [der Vermögen] und die Mannigfaltigkeit des Äußeren.[14]

(28) Die Tätigkeit der Fünf [Wahrnehmungsvermögen] fängt an mit dem bloßes Schauen auf die Gestalten; Reden, Nehmen, Hin- und Hergehen, Entleeren, Lust sind [die Tätigkeiten] der Fünf [Tatvermögen].

(29) Bezüglich ihrer jeweils eigenen Kennzeichen ist die Tätigkeit der Drei [Verstand, Ichbewußtsein und Denkvermögen] eine ungleiche. [Zusammengenommen] ist die Tä-

tigkeit [aber] von gleicher Art: [nämlich] Einwirkung auf die fünf [Körper-]Winde, angefangen mit dem [Atemstrom genannt] Prāṇa.[15]

(30) Die Tätigkeit der Vierheit [Verstand, Ichbewußtsein, Denkvermögen und eines von den Zehn Vermögen] ist zwar eine gleichzeitige, ihr Aufzeigen [des Wahrnehmbaren] aber [vollzieht sich] als Abfolge. Und wie mit dem Wahrnehmbaren verhält es sich auch mit dem Nichtwahrnehmbaren: Die Tätigkeit der Drei [Verstand, Ichbewußtsein und Denkvermögen] gründet auf [Wahrnehmbarem, das in Erinnerung geblieben ist oder Voraussetzung für eine Schlußfolgerung bietet].

(31) Sie führen jeweils ihre eigene Tätigkeit aus, deren Grund in gegenseitigem Antrieb liegt. Zum Zweck des Selbst allein ist der Grund. Nicht durch irgend etwas anderes wird [dieses] Werkzeug zum Wirken gebracht.

(32) Das Werkzeug [besteht] aus Dreizehn Teilen [aus dem Verstand, dem Ichbewußtsein, dem Denkvermögen, den Zehn Vermögen]. Seine Aufgabe [besteht darin, die Objekte] heranzuziehen, zu halten, zu erhellen. Und seine Wirkung ist zehnfach: [entsprechend dem] Heranzuziehenden, dem zu Haltenden, dem zu Erhellenden [den Objekten, die durch das Werkzeug geschaffen werden, indem sie erst durch die Aufnahme der Vermögen und die Verarbeitung durch das Ichbewußtsein und den Verstand zu Objekten werden].

(33) [Das Werkzeug wird unterteilt in ein inneres und ein äußeres]: Das innere Werkzeug ist dreifach [Verstand, Ichbewußtsein und Denkvermögen], zehnfach ist das äußere [Fünf Wahrnehmungs- und Fünf Tatvermögen], das die Objektbereiche den Dreien [des inneren Werkzeugs] vermittelt. Gegenwärtig wirkt das äußere, in [allen] drei Zeiten [in der Vergangenheit, der Gegenwart und der Zukunft] wirkt das im Inneren befindliche Werkzeug.

(34) Wahrnehmungsvermögen sind fünf von den [zehn, die das äußere Werkzeug ausmachen. Ihre] Objektbereiche

sind die Besonderen [die Elemente] und die Nichtbesonderen [die Reinstoffe]. [Das Tatvermögen] Sprechen ist [allein] für den Objektbereich Laut zuständig, die übrigen [Tatvermögen] aber für [alle] Fünf Objektbereiche.

(35) Weil der Verstand zusammen mit dem [ganzen] inneren Werkzeug in jeden Objektbereich tief eindringt, ist das dreifache Werkzeug Türhüter; Türen sind die übrigen [zehn, aus denen das äußere Werkzeug besteht].

(36) Sie [Ichbewußtsein, Denkvermögen und die Zehn Vermögen] wirken [zusammen] wie [die Teile] einer Lampe,[16] sie unterscheiden sich [nämlich] voneinander, weil sie [jeweils] besonders sind aufgrund [der in ihnen vorkommenden] Bestandteile: Nachdem sie [etwas] erhellt haben, richten sie [es] auf den Verstand,[17] das Ganze zum Zweck des Selbst.

(37) Weil der Verstand jedes Empfinden auf das Selbst zukommen läßt, unterscheidet wiederum auch er allein das feine Zwischen von Voraussetzung und Selbst.[18]

(38) Die Fünf Reinstoffe sind die Nichtbesonderen. Aus den Fünf entstehen die Fünf Elemente. Sie sind bekannt als die Besonderen, als ruhig und ungestüm und verwirrt [je nach dem jeweils vorherrschenden Bestandteil].

(39) Es gibt dreierlei Besonderheiten: Die Feinen [Körper aus dem Ichbewußtsein, dem Denkvermögen, den Wahrnehmungs- und Tatvermögen], solche [Körper], die von einem Vater gezeugt und von einer Mutter geboren werden, zusammen mit denen, die aus den Elementen entstehen. [Von ihnen] sind die Feinen [Körper] dauerhaft; die von einem Vater gezeugt und von einer Mutter geboren werden, hören [einmal] auf, tätig zu sein.

(40) Das Seelenmerkmal, das zuerst entstandene, das nicht an etwas hängt, das dauerhafte, das aus dem Großen [dem Verstand] und denen, die auf ihn folgen, bis hin zum Feinen [Körper] besteht, wandert durch die Geburten, obwohl es nicht empfindet, [denn] es ist durchtränkt von den Seinsweisen.

(41) Wie ein Bild nicht ohne Stütze, wie ohne Pfahl oder ähnliche [Schattenwerfer] nicht der Schatten bestehen kann, kann ebensowenig ohne derartige Stütze, ohne die Besonderen, das Seelenmerkmal bestehen.

(42) Es hat seinen Grund im Zweck für das Selbst wegen des engen Zusammenhangs von Wirkung und Ursache. Wie ein Schauspieler steht das Seelenmerkmal da unter dem Joch der Allmacht der Natur.

(43) Die ausgebildeten Seinsweisen – angefangen beim Recht – sind natürlich und durch Umgestaltung geschaffen. Sie sind wahrnehmbar, sie stützen sich auf das Werkzeug [den feinen Körper], und sie stützen sich auf die Wirkung [den groben Körper], indem sie zu jedem Lebewesen seit seiner Zeugung an gehören.

(44) Die Seinsweise Recht führt dazu, nach oben [in die Himmel] zu kommen; nach unten [in die Unterwelten] zu kommen, bewirkt Unrecht. Und vom Wissen wird Befreiung gefördert, vom Gegenteil Bindung.

(45) Aus Leidenschaftslosigkeit [folgt] Verschwinden in die Natur, Wandern durch die Geburten aus Leidenschaft, die dem Bestandteil Leidenschaft angehört. Aus Macht entsteht Unangreifbarkeit, aus dem Gegenteil das Entgegengesetzte.

(46) Das ist die Schöpfung der Vorstellungen: Irrtum, Unfähigkeit, Zufriedenheit, Vollkommenheit.[19] Weil auch unter diesen die Reibung der Bestandteile aneinander ungleich ist, gibt es insgesamt aber 50 Arten.

(47) Fünf Arten des Irrtums gibt es, und Unfähigkeit [besteht] wegen der Mangelhaftigkeit des Werkzeugs aus 28 Arten, Zufriedenheit ist neunfach, achtfach Vollkommenheit.

(48) [Die Arten des Irrtums heißen Finsternis, Verwirrung, große Verwirrung, Unmut und blinder Unmut.] Die Art der Finsternis ist achtfach, auch die der Verwirrung, und zehnfach ist die große Verwirrung. Unmut, ebenso wie blinder Unmut ist achtzehnfach.

(49) Die Beeinträchtigungen der Elf Vermögen [Denkvermögen, Wahrnehmungs- und Tatvermögen] zusammen mit Beeinträchtigungen des Verstandes heißen Unfähigkeit. Siebzehn Beeinträchtigungen des Verstandes gibt es wegen des Irrtums, der auf Zufriedenheiten und Vollkommenheiten basiert.

(50) Es gibt Neun Zufriedenheiten, die man begehrt: Vier sind auf das Eigenwesen bezogen, nämlich [der Glaube an die Absolutheit] der Natur, der Grundlage [Urnatur], der Zeit und des Schicksals. Fünf sind äußere [Zufriedenheiten], die aus dem Aufgeben der Objektbereiche [entstehen].

(51) Prüfung, Wort, Studium, Abwehr der Drei Leiden, Umgang mit förderlichen Personen und Freigiebigkeit sind die Acht Vollkommenheiten. Für die Vollkommenheit ist das vorherige [Irrtum, Unfähigkeit und Zufriedenheit] dreifacher Hemmschuh.

(52) Nicht ohne Seinsweisen kommt das Seelenmerkmal zustande, nicht ohne das Seelenmerkmal kommen Seinsweisen zustande. Deswegen wird eine zweifache Schöpfung tätig, benannt nach dem Seelenmerkmal [und] benannt nach den Seinsweisen.

(53) Achtfältig ist die göttliche,[20] und die der Tiere ist fünffach,[21] und die menschliche ist eine – in Kürze ist damit die weltliche Schöpfung [benannt].

(54) Oben [in den göttlichen Sphären] ist es voll von Güte, und voll von Finsternis ist die Schöpfung an der Wurzel [in der Tier- und Pflanzenwelt]. In der Mitte [wo sich die Menschen befinden] ist es voll von Leidenschaft. [Diese Zuordnung der Bestandteile gilt für die gesamte Schöpfung]: Sie beginnt bei Brahman und endet beim Grashalm.

(55) Darin [in der gesamten Schöpfung] trifft das Geistige, das Selbst, auf das Leiden, das aus Alter und Tod gemacht ist, solange das Seelenmerkmal nicht aufhört, tätig zu sein. Deswegen ist [die Schöpfung] ihrem Wesen nach Leiden.

(56) Das aus der Natur Gemachte, angefangen beim Großen [dem Verstand] bis hin zum besonderen Element, dient dem Zweck der Loslösung eines jeden Selbst; scheinbar als eines, das einen eigenen Zweck verfolgt, hat es [nur] einen anderen zum Zweck.

(57) Wie für das Gedeihen des Kalbes unwissende Milch »tätig« wird, so wird die Voraussetzung für die Loslösung des Selbst tätig.

(58) Wie die Menschen in ihren Handlungen tätig werden mit dem Zweck, daß das Verlangen aufhört, so wird zum Zweck der Loslösung vom Selbst das Unentfaltete tätig.

(59) Wie die Tänzerin nach ihrem Tanz aufhört, nachdem sie sich dem Zuschauer gezeigt hat, so hört die Natur auf, tätig zu sein, nachdem sie sich für das Selbst erhellt hat.

(60) Indem sie auf mannigfache Weise dem Selbst einen Dienst erweist, das keinen Dienst erweist, regt sich die, welche Bestandteile hat, ohne Zweck [für sich selbst] für den, der keine Bestandteile hat.

(61) Meiner Meinung nach gibt es keine Jungfräulichere als die Natur, welche, indem sie sagt: »Ich bin gesehen«, sich nicht wieder in die Sicht des Selbst begibt.

(62) Deswegen ist in Wirklichkeit das [Selbst] weder gebunden [oder] losgelöst, noch wandert es durch die Geburten; es wandert durch die Geburten, es ist gebunden, und es ist losgelöst die sich auf mannigfaches stützende Natur.

(63) In sieben Gestalten [des Verstandes, nämlich Recht, Unrecht, Leidenschaft, Leidenschaftslosigkeit, Macht, Ohnmacht und Nichtwissen] wahrlich aber bindet an sich selbst durch sich selbst die Natur; und sie allein löst sich zum »Zwecke des Selbst« [von ihm] in einer Gestalt [des Verstandes, nämlich im Wissen].

(64) Aus anhaltender Beschäftigung mit [diesen] Gegebenheiten in der Art: »nicht bin ich, nicht [gibt es] das Mein, nicht ist das Ich« wird das allumfassende Wissen, aus dem Zustand, daß kein Irrtum [mehr] besteht, das reine, das unabhängige hervorgebracht.

(65) Das Selbst sieht wie ein Betrachter unbeweglich, zufrieden auf die Natur, die auf Geheiß ihres Zweckes aufgehört hat, etwas hervorzubringen, die sich abgewendet hat von jenen sieben Gestalten [des Verstandes].

(66) »Sie wurde von mir gesehen«, so der Gleichmütige [das Selbst], »gesehen wurde ich«, so hört die andere [die Natur] auf, tätig zu sein; wenn es auch [weiterhin] eine Verbindung zwischen den beiden gibt, gibt es keinen Anlaß für [weitere] Schöpfung [mehr].

(67) Wenn einer endgültiges Wissen erlangt hat, und darum [die sieben Gestalten des Verstandes, angefangen beim] Recht, aufhören, Ursache zu sein, hält er kraft der Nachwirkungen noch am Körper fest, wie sich [auch] das Rad noch weiterdreht [vom Stoß, den es erhalten hat].

(68) Wenn die Trennung vom Körper erlangt wird, und die Voraussetzung aufhört, tätig zu sein, weil der Zweck erfüllt ist, für den sie sich regte, erlangt sie Unabhängigkeit, die beides ist, sowohl vollkommen als auch beständig.[22]

(69) Dieses verborgene Wissen zum Zweck des Selbst ist vom höchsten Seher offenbart worden, wobei Bestehen, Hervorbringen [und] Vergehen der Lebewesen bedacht werden.

(70) Dieses vorzügliche Läuterungsmittel hat der Weise [seinem] Nachfolger Āsuri aus Mitgefühl gegeben, Āsuri wiederum dem Pañcaśikha, und durch ihn ist die Lehre vielfältig verbreitet worden.

(71) Von einem Schüler zum anderen ist es gekommen. Vom edelmütigen Īśvarakṛṣṇa [schließlich] ist es in Form von Ārya[-Strophen] zusammengestellt worden, nachdem er das letzte Ziel endgültig erkannt hat.

(72) In den siebzig [Strophen] wahrlich sind die Gegenstände [enthalten], die [auch] Gegenstände der ganzen Lehre von den Sechzig[23] sind, [allerdings] ohne Erzählungen und auch ohne gegensätzliche Meinungen.[24]

III. Der klassische Yoga

1. Lehre

Das Yogasūtra des Patañjali

»Yoga ist die Unterdrückung der Bewußtseinstätigkeiten« – mit dieser Definition beginnt das Lehrbuch des Patañjali über den Yoga. Ähnlich wie im Sāṃkhya besteht das Ziel der »Übung« darin, das Selbst oder den Seher in seiner ihm eigentümlichen Form freizulegen (YS 1.1–4).

Der klassische Yoga baut auf dem Sāṃkhya auf, wobei der Schwerpunkt allerdings nicht so sehr auf der theoretischen Durchdringung, als vielmehr auf dem Weg zur Erlösung durch die Unabhängigkeit des Bewußtseins liegt. Der Unterschied zwischen den beiden Systemen wird aus einem Vergleich der einleitenden Sätze ihrer Grundtexte deutlich: Die Sāṃkhyakārikā beginnt mit der Frage, welches Wissen das Leid in der Welt kurieren könne, während das Yogasūtra ohne Umschweife den zentralen Gedanken der praktischen Durchführung an den Anfang stellt. Die unterschiedliche Zielsetzung des Yogasūtra bringt es mit sich, daß die theoretischen Voraussetzungen der Übungspraxis weitgehend als bekannt vorausgesetzt werden.

Yoga als Übung auf das religiöse Ziel der Erlösung hin hat eine lange Tradition, die bis ins ausgehende zweite vorchristliche Jahrtausend zurückreicht. Teile dieser Tradition fanden auch Eingang in den klassischen Yoga, der – im Gegensatz zum Sāṃkhya – noch heute als lebendige Tradition besteht. Als klassisch wird der Yoga bezeichnet, der im Yogasūtra des Patañjali (zwischen 400 und 500) beschrieben ist. Patañjali gilt zwar traditionell als Urheber des Systems, wird aber heute meist als Kompilator des

Yogasūtra (YS) betrachtet, der wohl nichts grundsätzlich Neues verfaßt hat, sondern die im Lauf von mehreren Jahrhunderten entwickelten Praktiken zusammenstellte und ordnete. Wie an einigen Texten gezeigt wurde, tritt der Begriff Yoga bereits sehr früh im indischen Denken auf. Zahlreiche weitere Texte könnten in diesem Zusammenhang erwähnt werden, aber erst im Werk des Patañjali wird Yoga zum Inbegriff einer Lehrtradition, die dann nach dem Namen ihres mutmaßlichen Urhebers auch Pātañjala-Yoga heißt.

Der in Prosa überlieferte Text faßt ältere Ansichten zusammen und gibt sie in inhaltlich gegliederter Form wieder. Die Schrift als ganze stammt nach Meinung vieler Gelehrter nicht aus ein und derselben Zeit. Der Text beschreibt, wie die sorgfältige Lektüre zeigt, nicht nur einen Weg, sondern mehrere. Zusammen mit stilistischen Besonderheiten legt dieses inhaltliche Kriterium die Vermutung nahe, daß das Werk aus mehreren Texten besteht, welche jeweils die Lehrmeinung einer Schule schildern.[1] Der Kompilator hat offenbar ältere Texte durch eigene Aussagen und Ergänzungen zu dem heute vorliegenden Werk verbunden. Das Nebeneinanderstehen verschiedener Wege zeigt einerseits, daß Patañjali um ihre Integration bemüht war, sie aber andererseits gleichberechtigt sind und – ein jeder auf seine Weise – zum Ziel führen. Die einzelnen im Yogasūtra dargestellten Möglichkeiten, das Ziel der Unabhängigkeit zu erreichen, weichen nicht grundsätzlich voneinander ab, sondern gehen eher von unterschiedlichen Vermögen und Voraussetzungen aus.

Die Endredaktion des Yogasūtra fand vermutlich noch vor 500 statt, über den Kompilator des Yogasūtra ist außer dem Namen nichts bekannt. Patañjali bewahrt eine strenge, nüchterne Form der Darstellung, die dem äußerst komplexen und schwierigen System gerecht wird. Ein knapper Nominalstil zeichnet das Werk aus, welches daher ohne Erläuterungen von Kommentaren oft unverständlich bleibt. Es stellt sich die Frage nach dem Grund für diesen Stil, eignet sich doch gerade das Sanskrit wegen seines Formenreichtums und seines reichen Wortschatzes besonders gut zur exakten Darstellung der schwierigsten Sachverhalte. Vielleicht wurde er benutzt, damit sich die kurzen Sätze besser memorieren ließen; die notwendigen Erklärungen wären dann durch einen kompetenten Lehrer vermittelt worden. Das bedeutete aber, daß nur derjenige den Yoga ausüben konnte, der sich als Schüler in die Obhut eines Lehrers begeben hatte. So war denn ursprünglich der Yoga womöglich ein Wissen, das nur in kleinen Kreisen weitergegeben wurde. Einer Darstellung des Yoga muß der Text des Patañjali zugrunde gelegt werden, weil hierin zum ersten Mal die Lehrinhalte der einzelnen Schulen zusammengefaßt sind, und weil sich alle später auftretenden Yoga-Arten auf den Text des Patañjali zurückführen lassen.

Das kurze Werk ist in vier Bücher unterteilt, wobei die einzelnen Sätze oder Satzteile durchnumeriert sind, in jedem Buch neu mit 1 beginnend. Nach ihrem Inhalt heißen die Bücher »Über die unterdrückende Konzentration« (*samādhipāda* m.), »Über das Ausführen« (*sādhanapāda* m.), »Über die Machtäußerung« (*vibhūtipāda* m.), »Über die Unabhängigkeit« (*kaivalyapāda* m.). Die Einteilung in Bücher mit Überschriften sowie die Satzzählung sind vermutlich erst nach Entstehung des Textes von einem Kommentator vorgenommen worden und scheinen nur teilweise inhaltlich begründet zu sein.

Nachdem Buch 1 den Yoga definiert hat, stellt es zunächst die Bewußtseinstätigkeiten vor (YS 1.5–11) und behandelt dann die unterdrückende Konzentration, deren Schwerpunkt auf der Unterdrückung der Bewußtseinstätigkeiten liegt (YS 1.12–29), anschließend wird die identifizierende Konzentration besprochen, bei der das Gleichwerden des Bewußtseins mit dem Meditationsgegenstand im Mittelpunkt steht (YS 1.41–51). Für beide gilt, daß der

Yogin zunächst sein Bewußtsein zur Ruhe bringen muß, was Patañjali zu einem Einschub veranlaßt, der die Methoden zur Bewußtseinsberuhigung schildert (YS 1.30–40). Obwohl also schon im ersten Buch die Schritte zur Konzentration erläutert werden, heißt erst das zweite »Über das Ausführen«. Dieses wiederum nennt zwar zuerst die Befleckungen und den Weg, das Bewußtsein von ihnen zu reinigen (YS 2.1–11),[2] im folgenden erläutert der Text aber zunächst die theoretischen Hintergründe für die Yoga-Praxis (YS 2.12–27).

In der Mitte des zweiten Buches dann beginnt die Beschreibung eines achtgliedrigen Weges, die sich in Buch 3 fortsetzt. Sie endet mit der beherrschenden Konzentration, die dem Yogin tiefe Erkenntnis und damit Macht über sein Meditationsobjekt bietet (YS 2.28–3.8). An dieser Stelle erörtert Patañjali die im Bewußtsein stattfindenden Veränderungen während der Konzentration, welche offensichtlich auch bei den Meditationstypen auftreten, die im ersten Buch geschildert wurden (YS 3.9–15). Erst mit Satz 16 des dritten Buches beginnt die Aufzählung der Wunderkräfte, die ihm seinen Namen gegeben haben (YS 3.16–46), anschließend werden die beherrschende Konzentration und ihre Resultate in bezug auf die Unabhängigkeit thematisiert (YS 3.47–54). Buch 4 wird eingeleitet von der Theorie über die Entstehung des empirischen Bewußtseins bei der Geburt und dessen Veränderung im Laufe der Zeit durch Einflüsse von außen (YS 4.1–13), dann wird die Beziehung zu seinem Bewußtseinsinhalt erörtert (YS 4.14–17). Auf dieser Grundlage werden die Zusammenhänge zwischen empirischem und reinem, nichtempirischem Bewußtsein behandelt, deren Erkenntnis zur Unabhängigkeit führt, dem letzten Ziel aller Übungen (YS 4.18–34). Die folgende Darstellung orientiert sich am Text des Yogasūtra und an den Kommentaren von Vyāsa und Vācaspatimiśra.

Reines und empirisches Bewußtsein

Entscheidend für den Yoga ist die Annahme von zwei Kräften, aus deren Verbindung (*saṃyoga* m.) alles Leid in der Welt entsteht (YS 2.17). Die eine ist das empirische Bewußtsein mit seinen wechselnden Inhalten, so wie es sich in der Welt vorfindet; die andere das nichtempirische Bewußtsein, das frei von den Einflüssen der wahrnehmbaren Welt ein reines Schauen ist. Das reine Bewußtsein blickt durch das empirische auf die Welt, das ihm diese aber aufgrund seiner Unbeständigkeit wie durch ein Kaleidoskop gesehen präsentiert – verzerrt, getrübt und dazu in ständiger Bewegung. Das hieraus resultierende Leiden kann erst dann aufgehoben werden, wenn sich das empirische Bewußtsein von der Außenwelt abwendet und sich läutert und klärt, bis es schließlich ganz durchsichtig geworden ist und so dem reinen Bewußtsein einen ungetrübten Blick auf die Welt ermöglicht. Das reine Bewußtsein, der Seher, entspricht dem Selbst, das empirische Bewußtsein mit seinen Tätigkeiten der Natur des Sāṃkhya. Was im Sāṃkhya jedoch noch eine Dualität mit kosmologischer *und* psychologischer Bedeutung war, wird im Yoga nun ausschließlich von der psychologischen Seite her betrachtet, was schon die Begrifflichkeit klar macht.

Bemerkenswerterweise führt Patañjali hier nämlich einen Begriff ein, den die Sāṃkhyakārikā noch nicht kennt. Das Bewußtsein (*citta* n.) ist im Sanskrit ein Partizip Perfekt Passiv und damit ähnlich gebildet wie die Begriffe, welche die Objekte der Wahrnehmung bezeichnen (»greifbar«, »erkannt«). Es steht für das empirische Bewußtsein, dem die Bewußtheit (*citi* f.) korrespondiert, die am Ende dem Selbst, also dem reinen Bewußtsein zugesprochen wird (YS 4.22, 34). Die Wortwahl allein macht also schon deutlich, daß das empirische Bewußtsein mit seinen Inhalten den Charakter eines Objektes hat, und zwar eines Objektes für das Selbst. Während sich das empirische Bewußtsein selbst für das Subjekt hält, ist das eigentliche Subjekt nun eben das Selbst, im Yogasūtra auch Seher, Greifer oder Eigner genannt. Das Sichtbare, Erkannte, Greifbare, Eigene hingegen bezeichnet nicht allein die Objekte der Wahrnehmung, sondern auch die von ihm produzierten Bewußtseinsinhalte. Aus dieser Begrifflichkeit wird ersichtlich, daß es hier um eine Psychologie des Bewußtseins geht. Zwar gebraucht der Text ab und an auch die Sāṃkhya-Begriffe für Selbst und Natur, nennt die Prinzipien aber in der Regel mit den im alten Indien üblichen Termini der Erkenntnistheorie, wobei der »Seher« für das Subjekt steht, das »Sichtbare« hingegen für dessen Objekt, also für die wechselnden Vorstellungen des empirischen Bewußtseins.[3]

Das Bewußtsein setzt sich aus Bestandteilen (*guṇa* m.) zusammen, denen Bestimmungen zugesprochen werden. Die Bestandteile werden nicht aufgelistet, sondern offenbar als bekannt vorausgesetzt; alle Kommentare sind sich darin einig, daß es sich um die gleichen wie im Sāṃkhya handele. Auch die Bestimmungen fußen auf dem älteren System: Erhellung (*prakāśa* m.), Handlung (*kriyā* f.) und Beständigkeit (*sthiti* f.) (YS 2.18). Erhellung war im Sāṃkhya als Zweck des Bestandteiles Güte genannt, das Yogasūtra verwendet für die beiden anderen allerdings eigene, abstraktere Begriffe. Auch die Analyse der Objekte des Bewußtseins entspricht der des Sāṃkhya. Der Yoga unterscheidet ebenso zwischen Fünf Elementen und Fünf Reinstoffen sowie Seelenmerkmal und Urnatur. Sie werden unter vier Kategorien zusammengefaßt als 1. die Besonderen, 2. die Nichtbesonderen, 3. das mit Merkmalen, 4. das ohne Merkmale (YS 2.18–19). Der Kommentar des Vyāsa gibt eine Liste.

Das Sichtbare, welches stellvertretend für alles Wahrnehmbare steht, verfolgt keinen Eigenzweck, es wirkt allein für das zweite Prinzip, für den Seher (YS 2.21). Der Seher ist reines Sehen, also reiner Akt. Der Gegenstand

<table>
<tr><th>Patañjali</th><th>die Besonderen</th><th>die Nichtbesonderen</th><th>das mit Merkmalen</th><th>das ohne Merkmale</th></tr>
<tr><td rowspan="5">Vyāsa</td><td>Luftraum</td><td>Laut</td><td rowspan="5">Seelenmerkmal</td><td rowspan="5">Urnatur</td></tr>
<tr><td>Wind</td><td>Berührung</td></tr>
<tr><td>Feuer</td><td>Gestalt</td></tr>
<tr><td>Wasser</td><td>Geschmack</td></tr>
<tr><td>Erde</td><td>Geruch</td></tr>
</table>

Tafel 15: Vier Gruppen von Objekten

seines Sehens sind die Vorstellungen, welche das Bewußtsein produziert (YS 2.20). Die Verbindung zwischen Subjekt und Objekt im empirischen Bewußtsein, zwischen dem Sehen des Sehers und dem Sichtbaren also, bildet die Voraussetzung dafür, die Unterschiedenheit beider zu begreifen (YS 2.23). Ähnlich wie im Sāṃkhya die Verbindung der zwei Prinzipien darauf abzielt, das Selbst freizulegen, ist die Verbindung von Subjekt und Objekt im Yoga darauf angelegt, das Sehen des Sehers als wahres Erkenntnisprinzip strahlen zu lassen. Das Yogasūtra spricht hier bezeichnenderweise von einem Besitzverhältnis: Der Eigner, also der Seher, muß von dem Eigenen geschieden werden, welches zwar für ihn arbeitet und von ihm abhängig ist, aber wesensmäßig nichts mit ihm zu tun hat (YS 2.23). Damit wird der Bogen zurück zum Anfang geschlagen. Grund für die Verbindung ist die Unwissenheit. Da aber im empirischen Bewußtsein die Möglichkeit zur Unterscheidung angelegt ist, besteht auch die Möglichkeit, die Verbindung aufzulösen und damit zum Wissen zu gelangen. Als Resultat des Wissens steht der Seher als reines Sehen unabhängig da, und die Bewußtseinswelt des Sichtbaren hat für ihn keinerlei Bedeutung mehr (YS 2.25–26).

Wenn der Zweck des Sichtbaren erfüllt und das reine Sehen freigelegt ist, ist das empirische Bewußtsein vom Standpunkt des reinen Sehens aus verschwunden. Da aber die von den einzelnen Bewußtseinen konstituierte Objektwelt für die übrigen Bewußtseine ihre Gültigkeit noch beibehält, besteht sie für diese auch weiterhin (YS 2.21–22). Mit anderen Worten: Hat ein Yogin das Ziel der Erkenntnis erreicht, verliert damit die empirische Welt für immer ihre Bedeutung für ihn. Solange aber noch Menschen in ihrem Banne stehen, unterliegen sie auch ihren Regeln, da der Zweck der vom Bewußtsein geschaffenen objektiven Welt noch nicht erfüllt ist. In letzter Konsequenz heißt das, daß das Sichtbare erst dann verschwindet, wenn jedes einzelne Bewußtsein zur Erkenntnis des Sehers gelangt ist.

Die Dualität der beiden Prinzipien hat im Yoga einen anderen Stellenwert als im Sāṃkhya. Während hier Selbst und Natur noch in Analogie zu den alten kosmologischen Vorstellungen gedacht sind, liefert der Yoga eine Bewußtseinstheorie aus praktischer Sicht. Ausgangspunkt ist wiederum das menschliche Bewußtsein, so wie es sich in der empirischen Welt vorfindet, und das Bestreben, dem damit verbundenen Leid zu entkommen. Während das Sāṃkhya jedoch mit dem Selbst ein gleichsam ontologisch unterschiedenes Prinzip als Ziel setzt, geht es im Yoga um eine einheitsstiftende Kraft, welche bereits im empirischen Bewußtsein wirkt. Aufgrund der Unwissenheit wird aber diese Quelle nicht als solche erkannt, sondern im Bereich der Bewußtseinswelt gesucht.

Für die Meditationspraxis spielt die Erkenntnistheorie des Yoga eine wichtige Rolle: Wenn das Bewußtsein ein Objekt erfaßt, dann stellt es sich ihm nicht so dar, wie es seinem Wesen gemäß ist – das Yogasūtra nennt das den »Inhalt« (*artha* n.) des Objektes –, sondern so, wie die Bewußtseinstätigkeiten das Objekt gestalten. Sie verbinden eine Bezeichnung (*śabda* m.) und ein vermeintliches Wissen (*jñāna* n.) mit ihm. Das Objekt ist deswegen, sobald es wahrgenommen wird, immer schon vermischt mit Vorstellungen des Bewußtseins, die aber nichts mit dem Objekt selbst zu tun haben, sondern allein von den Bewußtseinstätigkeiten bewirkt sind. Entsprechend sieht auch der Seher, der den Blick zunächst auf das Bewußtsein richtet und dort dessen Inhalt schaut, das Sichtbare, also die Objekte der Wahrnehmung. Der gesamte Erkenntnisprozeß läßt sich folgendermaßen darstellen:

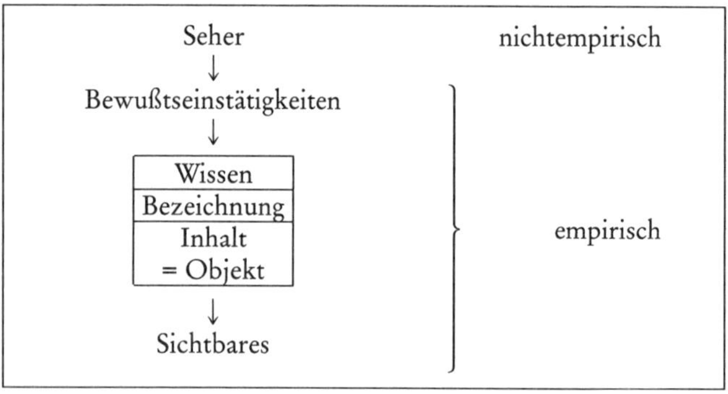

Tafel 16: Struktur des Bewußtseins

Das empirische Bewußtsein

Bewußtseinstätigkeiten

Der Yoga kennt Fünf Bewußtseinstätigkeiten (*cittavṛtti* f.): Erkenntnis durch Erkenntnismittel sowie Irren, Einbildung, Schlaf und Erinnerung (YS 1.6–11).

Die Anwendung der Erkenntnismittel führt zu wahrer Erkenntnis. Zu ihr gehören, wie im Sāṃkhya, die Sinneswahrnehmung, die Schlußfolgerung und die glaubwürdige Überlieferung. Die übrigen vier Gruppen beruhen auf unterschiedlichen Fehlern: Der Irrtum ist dem Erkenntnismittel entgegengesetzt und bedeutet einen methodischen Fehler. Die Einbildung ist eine falsche Vorstellung, die sich zwar auf Wahrnehmung stützt, aber immer den Irrtum in sich trägt. Sie beruht auf einer sprachlichen Bezeichnung, ohne daß ihr etwas Reales entspräche; der Schlaf hingegen entspringt einer vom Bewußtsein selbst erzeugten Vorstellung, der ebenfalls nichts Reales entspricht. Daß der Schlaf tatsächlich zu den Bewußtseinstätigkeiten zu rechnen ist, erklärt Vyāsa damit, daß sich der Erwachende dessen bewußt ist, ob er gut oder schlecht geschlafen habe. Die Erinnerung endlich stellt einen Rest früherer Wahrnehmungen dar, die im Yoga als hinderlich gelten.

Das empirische Bewußtsein ist stets mit einer der Bewußtseinstätigkeiten beschäftigt, insofern es ohne Unterlaß arbeitet und auch im Schlaf seine Tätigkeit nicht einstellt. Dies bedeutet, daß das Bewußtsein ausgefüllt ist mit Inhalten, welche zwar der sichtbaren Welt entstammen und somit eine reale Grundlage besitzen, durch die eigene Tätigkeit jedoch getrübt sind. Somit bleibt der Blick auf sich selbst verdeckt, weil das Bewußtsein dann identisch mit seinem Objekt ist. Der Blick, ausgesandt vom nichtempirischen, reinen Bewußtsein – dem Seher –, fällt auf das empirische Bewußtsein, welches gleich seinem Inhalt ist. Ohne Inhalt, wenn die Bewußtseinstätigkeiten zum Stillstand gekommen sind, hat der Seher freien Blick und sieht die Welt so, wie sie ist.

Befleckungen

Die Bewußtseinstätigkeiten können befleckt oder unbefleckt sein (YS 1.5). Es gibt Fünf Befleckungen (*kleśa* m.), die eine Art Erblast für den Menschen darstellen. Sie nämlich sind die Ursache dafür, daß die Bewußtseinstätigkeiten überhaupt in Gang kommen (YS 2.12), sie füllen das Bewußtsein mit Inhalten, die den Menschen an den Geburtenkreislauf binden (YS 2.13). Das Sanskritwort für Beflekkung kann »Plage« oder »Beschwerde« bedeuten, genau das ist hier gemeint: Die Befleckungen quälen das Bewußtsein und hindern es an seiner eigentlichen Aufgabe. Sie heißen Unwissenheit, Ich-bin-heit, Leidenschaft, Abneigung und Lebenswille (YS 2.3):

Unwissenheit	*Ich-bin-heit*	*Leidenschaft*	*Abneigung*	*Lebenswille*
falsche Auffassung von Unendlichem, Lauterem, Glück und Eigentlichem	empirisches Bewußtsein wird fälschlich für den Seher gehalten	hängt am Glück	hängt am Leid	strömt kraft seiner Selbst, ist sogar dem Weisen zu eigen

Tafel 17: Fünf Befleckungen

Unter Unwissenheit versteht Patañjali eine falsche Auffassung von Unendlichem, Lauterem, Glück und Eigentlichem. Wer unwissend ist, kennt die eigentliche Bedeutung dieser Werte gar nicht, die zum Selbst gehören.

Ich-bin-heit bedeutet eine Verwechslung zweier Vermögen, bei der das empirische Bewußtsein fälschlich für den Seher gehalten wird.

Leidenschaft ist das unablässige Streben nach Glück, das in Wahrheit aber nicht die Erlösung von Leid, sondern nur ein zeitlich begrenztes Gefühl darstellt, das immer wieder vom Leid abgelöst wird.

Wer sich ständig nur mit seinem Leiden befaßt und jammert, gibt sich der in jeder Hinsicht negativen Abneigung hin, die in keiner Weise fruchtet.

Die fünfte Befleckung besteht im Lebenswillen, der sogar den Weisen zu eigen ist (YS 2.3–9). Die Unwissenheit spielt unter den Fünf Befleckungen die wichtigste Rolle, denn sie ist das Feld, auf dem die vier übrigen gedeihen (YS 2.4). Auch im Yoga besteht das Grundübel im Unwissen, das durch Erkenntnis behoben werden muß. Die Befleckungen können in verschiedener Intensität auftreten, das Yogasūtra nennt vier Stufen:

»Schlummernd«: Die Befleckung ist latent, aber noch als Keim vorhanden. Wenn das Bewußtsein direkt mit einem Objekt konfrontiert ist, wird die Befleckung erneut wirksam.

»Schwach«: Die Befleckung wirkt nur schwach auf die Bewußtseinstätigkeit ein, weil ihre Wirkung durch Übungen verringert wurde.

»Gespalten«: Die Befleckung wirkt gleichzeitig auf mehrere Bewußtseinstätigkeiten ein, ihre Intensität ist schlummernd bei der einen und schwach bei der andern.

»Stark«: Die Befleckung richtet sich allein auf eine Bewußtseinstätigkeit (YS 2.4).

Intensität der Befleckung	*Wirkung der Befleckung*
schlummernd	kommt nicht zur Wirkung
schwach	wirkt nur schwach
gespalten	wirkt gleichzeitig auf mehrere Bewußtseinstätigkeiten, einmal schwach, einmal schlummernd
stark	richtet sich auf eine Bewußtseinstätigkeit

Tafel 18: Intensität der Befleckungen

Die Intensitäten der Befleckungen sind so aufgelistet, daß sie in umgekehrter Reihenfolge den Ergebnissen der Übungen entsprechen. Zu Beginn wirken die Befleckungen stark auf die Bewußtseinstätigkeiten ein, bis sie durch

Übungen zunächst gespalten, dann geschwächt und schließlich zum Schlummern gebracht werden. Doch selbst in diesem Zustand können sie wieder wirksam werden. Die Befleckungen müssen also gänzlich unwirksam gemacht werden, um dem Bewußtsein den ungetrübten Blick zu ermöglichen. Die Schwächung der Befleckungen gehört zur Vorbereitung auf die Meditation (YS 2.1–2). Ihr Keim ist jedoch auch noch in diesem Zustand vorhanden. Der Yogin muß nun durch die Meditation, die ihn Schritt für Schritt an das entscheidende Wissen heranführt, die Befleckungen »fein« machen, dann kann er ihnen endgültig entfliehen (YS 2.10, 11). Erst wenn jede Bewußtseinstätigkeit unterdrückt ist, ist auch der Keim für die Befleckungen vernichtet. Damit sind schließlich die Wurzeln der Werke verschwunden und die Ursachen für das Leiden beseitigt (YS 4.29–30).

Abhängigkeit der Werke von den Befleckungen

Die Befleckungen sind verantwortlich für die Werke. Der traditionelle Begriff wird weiterhin für die Ursachen der Wiedergeburt gebraucht, im Yoga aber spezifisch auf die Bewußtseinstätigkeiten bezogen, die den erkenntnishemmenden Faktor der Befleckungen beinhalten. Jedes empirische Bewußtsein ist »befleckt« und daher in seiner Erkenntnisfähigkeit getrübt. Letztlich sind die Befleckungen also identisch mit dem Leben in der Welt.

Auch das Yogasūtra bedient sich des Symbols der Pflanze, um die Wirkung zu verdeutlichen, die von den Werken ausgeht: Die Summe aller Werke eines Menschen in seinem gegenwärtigen wie in seinen früheren Leben wurzelt in den Befleckungen (YS 2.12). Die Früchte, die dieser Wurzel entwachsen, stehen für die Wiedergeburt, deren Dauer und Güte (YS 2.13). Der Samen für diese Wurzel liegt einzig und allein im Bewußtsein (YS 1.46), denn seine Tätigkeit schafft die Werke.

5 Befleckungen

↓

Werke = Bewußtseinstätigkeiten

↓

Wiedergeburt mit vorbestimmter Lebensdauer
und Welterfahrung
Verdienst oder Schuld in diesem Leben

↓

Freude oder Entbehrungen

↓

Leiden

Tafel 19: Befleckungen, Werke, Leiden

Leiden

Aufgrund dieser Struktur des empirischen Bewußtseins wird die Existenz als Leiden empfunden. Das Leiden drückt sich auf vier verschiedene Arten aus:

1. Das empirische Bewußtsein ist einer ständigen Veränderung unterworfen und kommt nicht zur Ruhe. Zu eigen sind ihm außerdem die Leidenschaften, die befriedigt werden wollen. Veränderung bedeutet, daß jede Leidenschaft, nachdem sie befriedigt ist, sogleich wieder eine neue Leidenschaft hervorruft, und so der Drang, sie zu befriedigen, nie aufhört. Dadurch entsteht ein ständiges Verlangen, das nicht gestillt werden kann, ehe das Bewußtsein die Veränderungen zum Stillstand gebracht hat.

2. Den Menschen plagen physische und psychische Qualen. Sie dringen tief ins Bewußtsein ein, wo sie sich niederschlagen.

3. Jedes Leiden, sei es durch einen selbst oder von anderen verursacht, hinterläßt Eindrücke im Bewußtsein, die ihrerseits neues Leid hervorbringen. Diese Erfahrungsreste verhindern, daß das Bewußtsein zur Ruhe kommt, und müssen beseitigt werden.

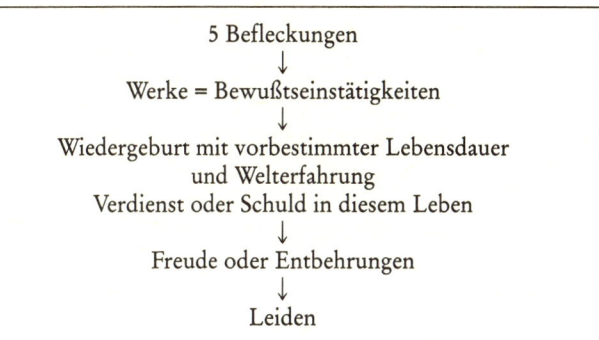

4. Der verborgenste Teil des Bewußtseins sind – wie im Sāṃkhya – die Drei Bestandteile, auf die ja schließlich all seine Tätigkeiten zurückgehen. Solange die Drei Bestandteile noch im Streit miteinander liegen und nach Vorherrschaft streben, ist die Ursache des Leidens nicht ausgemerzt.

Leiden aus Veränderungen
physische und psychische Qualen
Leiden durch Eindrücke
Leiden durch Aktivität der Bestandteile

Tafel 20: Vier Leiden

Wiederum wird die Analyse dem Erkenntniszweck dienlich gemacht. Da die Veränderungen von einem ungeübten Menschen gar nicht als Ursache des Leidens erkannt werden, ist hier bereits der Yoga-Schüler angesprochen, den der Text den »Unterscheidungsfähigen« nennt (YS 2.15). Die Vier Leiden entsprechen vier verschiedenen Stufen der Erkenntnis, wobei sich das Bewußtsein immer tiefer in sich hineinbohrt und seine eigene Verfassung Schicht um Schicht begreifen lernt, bis hin zu dem elementarsten der Drei Bestandteile.

Werke und Eindrücke

Das Bewußtsein ist so lange an seine Aufgabe gebunden, bis der Yogin die Unabhängigkeit in der keimlosen unterdrückenden Konzentration erreicht hat. Mit anderen Worten: Der Seher blickt so lange auf den Bewußtseinsinhalt, als noch Tätigkeit im Bewußtsein stattfindet. Das Yogasūtra nennt die Werke eines Yogin, der zwar schon auf dem Weg zur Erlösung ist, aber sein Ziel noch nicht erreicht hat, die »nicht-weiß-nicht-schwarzen« (YS 4.7), womit es eine bestimmte Klassifizierung der Werke in vier Gruppen voraussetzt. Vyāsa führt die anderen drei Gruppen auf: Schwarze Werke werden von schlechten Menschen verrichtet, die weit von der Erkenntnis entfernt sind. Die Gruppe von weiß-schwarzen entsteht, wenn man die Lebewesen abwechselnd gut und schlecht behandelt. Weiße Werke sind denen zuzuordnen, die Askese treiben, ihr Studium pflegen und sich in Versenkung üben (Vyāsa zu YS 4.7). Obwohl sich die einzelnen Klassen unterscheiden, ist ihnen gemeinsam, daß sie allesamt noch Bewußtseineindrücke hinterlassen, die der Qualität der Werke entsprechen (YS 4.8).

Die Eindrücke setzen ihrerseits wieder Bewußtseinstätigkeiten oder Werke in Gang. Wenn das Bewußtsein tätig ist, werden unablässig Eindrücke produziert, wobei die verdienstvollen Werke dem Bewußtsein die Eindrücke vermitteln, die für die Erlösung förderlich sind; schlechte Werke hingegen vermitteln hinderliche Eindrücke. Eindrücke werden gespeichert und brauchen nicht sofort zum Ausdruck zu kommen; sie sind dann als Erinnerungen vorhanden. So können manche Eindrücke auch mit zeitlicher Verzögerung zum Werk wirksam werden, sogar auch erst erheblich später in einem anderen Leben (YS 4.9). Der Kreislauf von Werken und Eindrücken beginnt mit der Geburt, bei der die Werke aus den vergangenen Leben für die Form des Bewußtseins verantwortlich sind, und setzt sich mit jedem neuen Bewußtseinsvorgang fort, da sich Eindrücke und Bewußtseinstätigkeiten ja ständig abwechseln (YS 4.2–3).

Der Yogin kann in der Meditation einen Zustand des Bewußtseins erreichen, von dem keine Werke mehr ausgehen, welche die Wurzeln für Befleckungen bilden könnten: die keimlose, unterdrückende Konzentration. In diesem Zustand hat das empirische Bewußtsein seine Tätigkeit vollständig eingestellt. Der Yoga bietet nun ein wohldurchdachtes System von Übungen, mit dessen Hilfe der Schüler zunächst auf den rechten Weg gebracht wird, auf dem er dann zum Wissen und schließlich zur Unabhängigkeit gelangen kann.

2. Praxis

Grundlage

Am Beispiel einer früchtetragenden Pflanze veranschaulicht Patañjali, welche Zusammenhänge zwischen den Werken bzw. Bewußtseinstätigkeiten und den Eindrücken, dem Bewußtsein mit seinen Befleckungen und der Wiedergeburt in einem Leben mit Leiden bestehen (YS 2.12–14). Gleichzeitig macht das Yogasūtra auch deutlich, daß das Leiden beendet werden kann. Hierfür muß der Yogin das Wissen über den Seher erlangen und kann dann endgültig die Bewußtseinstätigkeiten zum Stillstand bringen. Dies macht eine Erlösung zu Lebzeiten möglich, die dann in

Unwissenheit (Feld für vier weitere Befleckungen)
↓
Bewußtseinstätigkeiten
↓
= Werke, die sich zu einer neuen Geburt zusammenballen
für ein Leben im Leiden
↓
Meditation
↓
Seher hat den Blick auf einen einzigen Meditationsgegenstand
↓
Unwissenheit wird durch Wissen ersetzt,
Befleckungen vernichtet
↓
Unterdrückung aller Bewußtseinstätigkeiten
↓
Seher hat freien Blick
↓
Bewußtheit = Bewußtsein
↓
Unabhängigkeit

Tafel 21: Ausgangspunkt und Ziel des Yoga

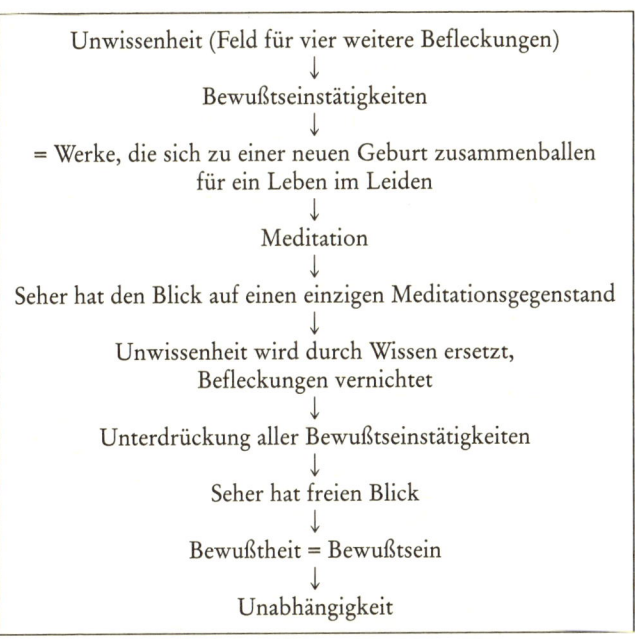

der Unabhängigkeit der Bewußtheit von der Außenwelt besteht.

Die Befleckungen sind die Wurzel für das Übel; Träger der Befleckungen, die in den Werken bzw. Bewußtseinstätigkeiten zum Ausdruck kommen, ist hingegen das empirische Bewußtsein. Demzufolge muß das Bewußtsein alle Tätigkeiten einstellen, denn in ihnen keimt der Same, der neue Früchte und damit eine neue Existenz hervorbringt. Erst wenn der Samen unbrauchbar geworden ist, gibt es keine Wurzeln und keine Früchte mehr. Zudem hat der Seher so lange keinen freien Blick, bis jede Vorstellung – hervorgerufen durch eine Bewußtseinstätigkeit – aufhört. Entsprechend hieß es zu Beginn des Yogasūtra: »Yoga ist die Unterdrückung der Bewußtseinstätigkeiten«. Da sie aber befleckt sind, können sie – auch wenn sie unterdrückt sind – jederzeit wieder wirksam werden. Deswegen müssen zuerst die Befleckungen gänzlich vernichtet werden dadurch, daß Wissen an die Stelle der Unwissenheit, dem Feld für die übrigen vier Befleckungen, tritt. Anschließend werden alle Bewußtseinstätigkeiten stillgelegt, was zum Rückzug des Bewußtseins aus der wahrnehmbaren Welt führt.

Das Yogasūtra zählt die Bewußtseinstätigkeiten in einer Reihe auf, die bereits die Abfolge vorgibt, in der sie unterdrückt werden sollen. Die erste Tätigkeit, die Wahrnehmung durch Erkenntnismittel, ist Voraussetzung, daß die anderen Tätigkeiten der Reihe nach stillgestellt werden und so das Bewußtsein nicht mehr beunruhigen können, angefangen beim wachen Bewußtsein (Irrtum, Einbildung) über das Unbewußte des Schlafes bis hin zu den Erinnerungen, die oft auch nur noch im Unbewußten ruhen. Wenn die Bewußtseinstätigkeiten nicht mehr wirken, weil zunächst gegenwärtige und dann ältere Bewußtseinseindrücke unterdrückt worden sind, dann kommt das Bewußtsein beinahe zum Stillstand. Hiermit ist die Voraussetzung gegeben, das Wissen zu erlangen und die übrigen Befleckungen auszulöschen. Wenn am Ende nur der vom

Wissen hinterlassene Bewußtseinseindruck übrigbleibt, muß auch der noch unterdrückt werden. Dann ist das Bewußtsein befreit von der Last seiner Eindrücke, die es bis dahin aufgenommen hat. Weil es nun leer ist, hat dieses reine, nichtempirische Bewußtsein den freien Blick und haftet nicht mehr an einer Tätigkeit, sondern ist nur geistig und untätig; es ist identisch mit dem Seher bzw. dem Selbst geworden. Diesen Zustand nennt das Yogasūtra die Unabhängigkeit (*kaivalya* n.). In diesem Moment verliert der Yogin sein Interesse an der Welt. Er ruht in sich selbst, ohne jemals wieder das Leiden, das nur der Welt anhaftet, erfahren zu müssen.

Wer ist für den Yoga geeignet?

Jeder Mensch kann, seiner Voraussetzung entsprechend, den Yoga ausüben. Nur der »Unterscheidungsfähige« aber, der die Lehre des Yoga und alle Zusammenhänge und die Gründe für die Unruhe des Bewußtseins kennt, weiß auch um die hemmende Wirkung auf dem Weg zur Unabhängigkeit, die durch die Beschäftigung des Bewußtseins mit Objekten der empirischen Welt entsteht. Nur er weiß, daß er seinen Frieden erst dann finden wird, wenn er sich gegen die Ursachen künftigen Leidens wappnet (YS 2.15). Wenn das Bewußtsein zum Stillstand gelangt ist, kann sich die Kraft des Sehers ungehindert entfalten. Wer das erkannt hat, kann sich in die Obhut eines Lehrers begeben, um die yogischen Übungen zu erlernen, oder sie auch ohne einen solchen praktizieren.

Erfolg durch die Übungen wird aber nur demjenigen in Aussicht gestellt, der sich mit aller Entschlossenheit dafür einsetzt. Je nachdem, wie zielstrebig der Yogin übt, unterscheidet Patañjali unterschiedliche Grade von Entschlossenheit: »sanft«, »mittelmäßig« und »übermäßig«. Nur auf der höchsten Stufe besteht die Möglichkeit, das Ziel zu erreichen (YS 1.21–22).

Yogische Meditation[4]

Im Zentrum des Yoga steht die Meditation, weil der Schüler nur durch sie den Unterschied zwischen dem empirischen und dem nichtempirischen Bewußtsein erkennen und die Tätigkeiten seines Bewußtseins unterdrücken kann. Das Yogasūtra nennt drei verschiedene Arten der Meditation, die alle zum gleichen Ziel führen, nämlich zur Unabhängigkeit des Bewußtseins.[5] Im Text lassen sich die drei Meditationsarten nur schwer ermitteln, weil sie nicht deutlich voneinander abgegrenzt sind und sich nur in Details unterscheiden. Trotzdem haben sie aber jeweils verschiedene Ansätze. Die drei Meditationsarten werden in der folgenden Darstellung in der Reihenfolge behandelt, in der sie im Yogasūtra erscheinen. Alle drei sind äußerst schwierig und erfordern ein waches und vorbereitetes Bewußtsein. Aus diesem Grunde gehen ihnen Übungen voraus, die ihr Gelingen überhaupt ermöglichen. Diese Übungen werden im Yogasūtra für die erste und zweite Meditationsart nicht gesondert behandelt, und sie werden deswegen auch im folgenden den Erläuterungen zu den beiden Meditationen vorangestellt. Die zuletzt im Yogasūtra besprochene Meditation ist Teil eines achtgliedrigen Weges, der den Yogin stufenweise zur Unabhängigkeit hinführt. Aus diesem Grunde wird die Meditation im Zusammenhang mit ihren Gliedern dargestellt.

Das »Meditationsbewußtsein« ist auf allen Stufen der drei Arten von Meditation bei jedem Objekt, auf das es gerichtet ist, drei Veränderungen unterworfen: In dem Moment, in dem sich das Wachbewußtsein des Yogin auf einen Punkt richtet, werden einerseits alle Eindrücke des wachen Bewußtseins unterdrückt, andererseits tritt der Eindruck auf, der vom Meditationsobjekt ausgeht. In dieser Phase verwandelt sich das Wachbewußtsein in das Meditationsbewußtsein (YS 3.9). Das Bewußtsein kann seine Tätigkeiten auf viele Objekte und deren Aspekte richten.

In der Meditation lernt der Yogin, sein Bewußtsein so zu verändern, daß es sich nur in einem Punkt sammelt und das Erfassen der vielen aufgibt, hierbei findet es Ruhe. Dabei erkennt der Meditierende, daß diesem Punkt drei Zeitstufen angehören, nämlich die der Vergangenheit, der Gegenwart und der Zukunft. Das Objekt legt den Moment der Gegenwart ab, der zur Vergangenheit wird, und nimmt den Moment der Zukunft an, der zur Gegenwart wird. Weil das Bewußtsein aber die drei Zeitstufen noch unterscheiden kann, steht es dem Objekt noch als Betrachter gegenüber (YS 3.11). Schließlich ändert sich das Meditationsbewußtsein, wenn es auf diesen einen Punkt gerichtet ist, mit dem Ergebnis, daß seine gegenwärtigen und zukünftigen Vorstellungen vom Objekt gleich werden. Es steht dem Objekt nicht mehr gegenüber, sondern ist eins mit ihm geworden (YS 3.12). Während dieser drei Veränderungen bleibt das Bewußtsein von seinen Anlagen her gleich, durch die Meditationsübungen aber kann es seine Zustände verändern. Wenn der Yogin nun erkennt, daß sein Meditationsbewußtsein das Vermögen hat, die Schau auf einen Gegenstand zu erhalten, kann er daraus schließen, daß diese Schau bereits in seinem Wachbewußtsein enthalten sein mußte, weil es eben die gleichen Anlagen wie die des Meditationsbewußtseins hat.

Das Yogasūtra verwendet für die drei Arten der Meditation verschiedene Termini, die hier nicht ihrer etymologischen Bedeutung entsprechend wiedergegeben werden, sondern gemäß ihrer, im Meditationsablauf begründeten, Gewichtung: »Unterdrückende Konzentration« (*samādhi* m. YS 1.12–28), »identifizierende Konzentration« (*samāpatti* f. YS 1.41–50) und »beherrschende Konzentration« (*saṃyama* m. 3.1–8). Weil letztlich auch die identifizierende Konzentration zur Unterdrückung der Bewußtseinstätigkeiten führt, wird der Begriff der unterdrückenden Konzentration zum Synonym für sie (YS 1.46). Genauso ist zu erklären, daß die letzte der drei Stufen, in denen der Yogin die beherrschende Konzentration vollzieht, ebenfalls unterdrückende Konzentration genannt wird (YS 3.3). Solange noch der Rest eines Eindrucks in dem Bewußtsein der Meditation übrigbleibt, heißen die drei Meditationsarten »unterdrückende Konzentration mit Keim« (YS 1.46), wenn auch der verschwunden ist, »keimlose unterdrückende Konzentration« (YS 1.51, 3.8).

Im Zusammenhang mit der unterdrückenden und der identifizierenden Konzentration im ersten Buch spricht das Yogasūtra noch nicht von der Unabhängigkeit. In beiden Fällen endet die Darstellung nämlich mit der Stufe, auf der noch Reste von Eindrücken aus der Meditation übrig sind, die wirksam werden, sobald der Yogin aus der Meditation auftaucht. Obwohl der Text die unterdrückende Konzentration auf dieser Stufe nicht die unterdrückende Konzentration mit Keim nennt, müssen doch auch noch diese letzten Eindrücke ausgelöscht werden, so daß sich hieran noch die keimlose unterdrückende Konzentration anschließt, die dem Bewußtsein endlich die Unabhängigkeit bringt. Es scheint, daß der Kompilator die einzelnen Meditationstypen verschiedener Schulen in dem Text dadurch zu einer Einheit zusammenfügen wollte, daß er zwar zunächst ihre jeweiligen Meditationsstrukturen schilderte, aber nur soweit, als noch Meditationseindrücke übrigbleiben. Ihre Verbindung finden die drei Meditationstypen dann in der Unterdrückung dieser letzten Eindrücke (YS 4.27, 28), erst dann ist Unabhängigkeit gegeben.

Vorbereitung auf die Meditation

Nicht jeder Yoga-Schüler bringt die gleichen Voraussetzungen für die Meditation mit, so daß er sich, seinem individuellen Vermögen entsprechend, darauf vorbereiten muß. Einem zerstreuten Bewußtsein und einem Bewußtsein, in dem die Befleckungen zu stark wirken, ist es unmöglich, sich auf ein Objekt zu konzentrieren. Bevor ein

Yogin mit der Meditation beginnen kann, muß er lernen, sein zerstreutes Bewußtsein auf einen Punkt zu richten oder die Befleckungen zu schwächen.

1. Aufhebung der Zerstreuungen (YS 1.29–40): Am Anfang seines Weges muß der Yogin, falls er einer der Zerstreuungen unterlegen ist, diese erst meistern, denn sie verhindern die Konzentration: Die Zerstreuungen sind Krankheit, Gleichgültigkeit, Zweifel, Verwirrtheit, Trägheit, Nichtenthaltsamkeit, schwankende Ansichten, Nichterreichen der Meditationsstufen, Unbeständigkeit. Auch hier gibt die Abfolge der Aufzählung vor, in welcher Reihenfolge die Zerstreuungen vom Yogin gemeistert werden müssen: Wenn der Mensch krank ist, so wird er sich um die Heilung seiner Krankheit bemühen. Physische und psychische Gebrechen verhindern die Sammlung der Gedanken, wie sie der Yoga verlangt. Jeder, der den Weg des Yoga beschreiten will, braucht einen festen Willen, denn der Weg verlangt dem Yogin unsägliche Mühen ab. Wenn er der Lehre, der Erlösung und dem Leid der Welt gleichgültig gegenübersteht, wird er keine Notwendigkeit für jene Mühen sehen. Jeder Zweifel an der Lehre kann sogar die Abkehr vom Erlösungsweg bewirken, zumindest wird er die Zielgerichtetheit der Gedanken stören. Dasselbe verursacht Verwirrtheit, weil sie den klaren Gedanken verhindert. Trägheit verhindert ein Fortkommen auf dem Weg, für den Eifer und Begeisterung notwendig sind. Nichtenthaltsamkeit bewirkt neue psychische Tätigkeiten und damit verbundene Eindrücke. Sie bringt neue Verflechtungen mit der Welt mit sich, was wiederum zu einem Abbruch des yogischen Weges führen kann. Schwankende Ansichten verhindern das zielstrebige Voranschreiten auf dem Yoga-Weg und schließen nicht aus, daß sich abermals Zweifel und die anderen Zerstreuungen einstellen. Wenn der Yogin keine der Meditationsstufen erreicht, wird sein Bewußtsein unstet bleiben; die daraus resultierende Unbeständigkeit verhindert, daß der Schüler den Zustand der Konzentration jemals erreicht.

Der Meisterung der Zerstreuungen muß die Frage vorausgehen, wie der Yogin sich anderen gegenüber verhalten soll. Der Mensch ist ein soziales Wesen, das zusammen mit anderen in einer Gemeinschaft lebt. Daraus entstehen Bindungen und Verpflichtungen, aus denen sich der Yogin im Laufe seiner Übungen immer mehr zurückziehen muß, um sich seiner selbstgewählten Aufgabe zu widmen. Daher muß auch seine Anteilnahme am gesellschaftlichen Geschehen langsam abnehmen. Er muß vermeiden, sich mit dem Erleben anderer zu identifizieren, denn das schafft Unruhe und erschwert die geforderte Beruhigung des Bewußtseins. Solange jedoch der Yogin noch mit anderen Menschen zusammentrifft, muß er sich mit ihrem Verhalten und seinen Reaktionen darauf auseinandersetzen. Auch übt er dabei, sein Ich distanziert zu betrachten, indem er sein Verhalten ständig prüft. Denn sein Verhalten löst wiederum Reaktionen aus, die auf ihn zurückwirken. Wenn der Yogin den Weg zur Erkenntnis betritt, liegt eine lange Strecke vor ihm, auf der er seiner Umwelt und seinem Ich mit einer Haltung gegenübertreten soll, die keine übermäßigen Reaktionen provoziert, damit er sich in Gelassenheit und Distanzierung üben kann. Patañjali gibt deswegen eine Anweisung, die sich auf den täglichen Umgang des Individuums mit seiner Ichheit und seiner Umgebung bezieht: Dem Glücksgefühl, sowohl bei anderen als auch bei sich selbst, soll der Yogin mit Liebe entgegentreten, dem Leid mit Mitleid, dem Verdienst mit Heiterkeit und der Schuld schließlich mit Gleichmut. Patañjali rät, ein gewisses Maß einzuhalten, damit keine extremen Emotionen aufkommen können.

Wenn der Schüler im Verhalten zu seiner Umgebung den erforderlichen Gleichmut erreicht hat und in seinem Entschluß, den Yoga zu praktizieren, feststeht, kann er im nächsten Schritt versuchen, sein Bewußtsein auf einen Gegenstand zu richten und darin beständig zu verharren. Der Yogin übt sich hiermit bereits in der Meditation, benutzt in dieser Phase aber noch Meditationsgegenstände, die sich relativ leicht, auch von einem Ungeübten, fassen lassen, wie etwa sein Atemstrom. Damit hat er sich bereits von der äußeren Welt entfernt und ist gleichsam an einer Nahtstelle zwischen ihr und den Inhalten seines Bewußtseins angelangt. Nun schließen sich immer schwierigere Übungen an, die den Yogin in die Lage versetzen, sein Bewußtsein ohne große Mühen an Gegenstände zu binden, die er selbst bestimmt. Patañjali zählt Objekte auf, zu denen das Bewußtsein des Übenden starke Bindung hat, dann ein Objekt, welches zwar angenehm auf das Bewußtsein wirkt, mit dem der Übende aber nicht zu stark emotional verbunden ist; schließlich ein Objekt, zu dem das Bewußtsein keine emotionale Beziehung hat. Auf Objekte, die noch im Bereich des Wachbewußtseins liegen, sollen nun solche aus dem Unbewußten folgen: zunächst Gegenstände aus einem Traum und zuletzt Eindrücke, die im Schlaf entstanden sind. Wenn der Yogin darin gefestigt ist, sein Bewußtsein beständig an einen solchen Meditationsgegenstand zu binden, hat er sämtliche Zerstreuungen überwunden und kann mit den nächsten Meditationsübungen beginnen.

2. Das Schwächen der Befleckungen erreicht der Übende durch den Yoga der Handlung (*kriyāyoga* m., YS 2.1–11): Die Tätigkeiten des ungeübten Bewußtseins sind durch Befleckungen getrübt. Auch wenn der Schüler sein Bewußtsein mit Erfolg zur Ruhe gebracht hat und fähig ist, seine Gedanken ausschließlich an ein Objekt zu binden, steht es doch noch immer unter dem Einfluß der Fünf Befleckungen. Sie gilt es zu schwächen, bevor der Yogin zur unterdrückenden Konzentration oder zur identifizierenden Konzentration gelangen kann. Wenn die Befleckungen noch in den beiden Zuständen »stark« oder »gespalten« auftreten, wird es dem Yogin nicht gelingen. Gegen Unwissenheit, Ich-bin-heit, Leidenschaft, Abneigung und Lebenswillen geht der Schüler mit dem Yoga der

Handlung an, der aus Askese, Studium und Hingabe an die göttliche Macht besteht (YS 2.1–2) und als solcher auch Teil des achtgliedrigen Weges ist. In der Askese lernt der Yogin, sich ausschließlich mit Dingen zu beschäftigen, welche die Ruhe des Bewußtseins nicht stören. Hunger, Durst, Kälte, Hitze und dergleichen, aber auch Reichtum oder Sinnlichkeit lenken ihn vom Wesentlichen ab. Der Yogin muß sich darin üben, ihnen nicht nachzugeben und so den scheinbar leichteren Weg zu wählen. Durch die Askese wird sein Wille gestärkt, in einer Sache beständig zu sein und seine Begierden zu zügeln. Im Studium konzentriert er sich auf die Texte oder die Worte des Lehrers, wodurch sein Wissen über die Zusammenhänge von Seher und Sichtbarem gefördert wird. All sein Streben hat der göttlichen Macht zu gelten.

Wenn ein Yogin noch unter einem allzu aktiven oder aufgeregten Charakter leidet, muß er zunächst sein Bewußtsein beruhigen, indem er Liebe, Mitleid, Heiterkeit, Gleichmut den Empfindungen von Glück, Leid, Verdienst, Schuld gegenüberstellt (YS 1.33). Das ermöglicht ihm, die Zerstreuungen samt ihrer Begleitzustände zu beseitigen, indem er ständig übt, seine Gedanken auf einen Gegenstand zu richten (YS 1.32). Der Yogin erzieht sein Bewußtsein zur Beständigkeit, indem er versucht, seine Bewußtseinstätigkeiten auf ein selbstgewähltes Meditationsobjekt zu richten (YS 1.35–39). Hieran schließen sich Übungen an, die dem Yogin verhelfen, bis zur unterdrückenden Konzentration zu gelangen. Indem er seine Gedanken darauf richtet, welche Bedeutung das Nichtvorhandensein der Befleckungen in Hinblick auf die Erlösung hat, wird er deren Intensität mindern können. Auch traditionelle Übungen, Askese, das Studium der heiligen Texte oder die Verehrung einer göttlichen Macht sind Vorbereitungen auf die Konzentration (YS 2.1, 11). Die Aufhebung der Zerstreuungen und der Yoga der Handlung sind also keine Übungen in Form einer aktiven körperlichen Handlung, sondern eine

Stelle im YS	*Unternehmung*	*Resultat*
1.33	Liebe gegenüber Glück	
	Mitleid gegenüber Leid	Beruhigung des Bewußtseins
	Heiterkeit gegenüber Verdienst	
	Gleichmut gegenüber Schuld	
1.28–29	*praṇava*-Murmeln	Aufhebung der Zerstreuungen, Zugang zum Geistigen
1.32	ständige Übung, seine Gedanken auf eine Wesenheit zu richten:	
1.34	Atemregelung	
1.35	Bindung des Bewußtseins an ein Objekt	Aufhebung der Zerstreuungen
1.36	kummerlose und glänzende Bewußtseinstätigkeit	Beständigkeit des Bewußtseins
1.37	Bewußtsein ist an Objekt gebunden, von dem keine Leidenschaft ausgeht	
1.38	Bewußtsein ist auf einen Eindruck aus dem Schlaf oder Traum gerichtet	
1.39	Versenkung in etwas Angenehmes	
2.1, 11	Askese, Studium, Hingabe an eine göttliche Macht	Förderung der unterdrückenden Konzentration, Minderung der Befleckungen

Tafel 22: Vorbereitungen auf die Konzentration

Übung des Bewußtseins, durch die der Yogin beginnt zu lernen, sich nicht von Dingen der Außenwelt lenken zu lassen.

Meditationsobjekte zur Vorbereitung auf unterdrückende und identifizierende Konzentration

Damit das Bewußtsein frei von Zerstreuungen bleibt, an die Beständigkeit gebunden wird und damit die Befleckungen geschwächt werden, versucht der Yogin schon vor der unterdrückenden Konzentration und der identifizierenden Konzentration, seine Gedanken zu sammeln, indem er ein Objekt zu Hilfe nimmt.

Zu dieser vorbereitenden Phase eignet sich als Meditationsobjekt das Wort *praṇava* (YS 1.29). Im Zusammenhang mit dem Meditationsobjekt ist auch die Einführung einer Macht zu sehen, aufgrund derer man den Yoga als theistisches System bezeichnet und vom Sāṃkhya abgehoben hat. Diese Macht (*īśvara* m.) wird vielfach als Gott aufgefaßt. Patañjali lehrt, daß die »Hingabe an den Īśvara« die Fünf Befleckungen mindern und dazu verhelfen kann, die Stufe höchster Konzentration zu erreichen. Obwohl die Lehre von der göttlichen Macht im Yoga als Besonderheit gegenüber anderen Systemen gilt, kommt dem Īśvara doch nur geringe Bedeutung zu. Es handelt sich bei dem Īśvara des Yoga nicht um einen der bekannten Götter des indischen Pantheon. Der Īśvara im Yoga ist vielmehr eine abstrakte Größe, identisch mit dem »besonderen Selbst« (*viśeṣapuruṣa* m.), das an das vedische Brahman erinnert, allerdings mit dem entscheidenden Unterschied, daß das besondere Selbst nichts hervorbringt. Der Īśvara ist ewig (YS 1.26) und frei von Befleckungen, von Werken, deren Früchten und ihren Niederschlägen (YS 1.24). Sein Wesen ist reine Güte und frei von den Bestandteilen Leidenschaft und Finsternis; er ist frei von Unwissenheit und trägt damit schon, im Gegensatz zu den Menschen, den Keim der

Allwissenheit in sich (YS 1.25). Vācaspatimiśra schreibt hierzu:

> Wenn alles, was existiert, in verschiedenen Graden der Ausgeprägtheit vorkommt, und alles sein Minimum und Maximum hat, so muß auch das Wissen ein Maximum haben. Das findet sich in Īśvara.

Das Wort *praṇava*, eine Bezeichnung für den Īśvara, stellt ihn zugleich lautlich dar (YS 1.27). Der Yogin erreicht durch die Verehrung der göttlichen Macht die Unterdrückung der Bewußtseinstätigkeiten (YS 1.23), daß er in unterdrückende Konzentration fällt und seine Befleckungen gemindert werden (YS 2.1). Die Hingabe an den Īśvara ist Teil des zweiten Gliedes des achtstufigen Yoga-Weges (YS 2.45). Der Yogin soll zunächst das Wort *praṇava* wiederholt murmeln. Bald wird er durch dieses ständige Wiederholen des Wortes sein Denken allein mit dessen Klang ausgefüllt haben. Im nächsten Schritt soll sich der Yogin dessen Inhalt vergegenwärtigen. Diese zweite Stufe bei der Übung verhindert ein bloßes In-Trance-Fallen, was allein durch die Rezitation möglich wäre. Doch ist für den Yoga eben ein waches Bewußtsein nötig, das fähig bleibt, das anfängliche Unwissen schließlich durch Wissen zu ersetzen.

Der Īśvara dient als Meditationsobjekt, doch hängt von ihm weder die Schöpfung noch die Erlösung ab. Auch auf dem Erlösungsweg spielt der Īśvara nur eine untergeordnete Rolle, da er zu einer niederen Stufe des Weges gehört. Da der Īśvara überdies nicht mit einem bestimmten Gott identifiziert wird, ist hiermit eine Möglichkeit gegeben, Verehrern verschiedener Gottheiten den Yoga zugänglich zu machen. Als Meditationsobjekt mag daher der eine Viṣṇu, der andere Śiva benutzen und dadurch zu höheren Stufen aufsteigen. Patañjali spricht ausdrücklich von der »gewünschten« Gottheit (YS 2.44). Das Yogasūtra enthält zumindest keine expliziten Hinweise darauf, daß dem Īśvara hier eine grundsätzliche Bedeutung zukäme, welche die Bezeichnung »theistisch« rechtfertigte. Der Text beschreibt allerdings eine theistische Variante des Weges zur Unabhängigkeit.

Neben *praṇava* kann der Yogin jedes beliebige Objekt wählen, um sein Bewußtsein darin zu üben, sich ausschließlich auf einen Gegenstand zu richten (YS 1.35, 39). Das Objekt darf anfangs angenehme Empfindungen auslösen (YS 1.36), der Fortgeschrittene soll sich aber dann eines wählen, welches keine Leidenschaft im Bewußtsein hervorbringt (YS 1.37). Schließlich kann als Objekt auch eine Erinnerung aus dem Schlaf oder Traum dienen (YS 1.38).

Für die auf die Vorbereitung folgende Stufe, für die unterdrückende Konzentration oder die identifizierende Konzentration, dienen dem Übenden zunächst abermals Objekte. Immer stehen sie mit dem eben erreichten Meditationsvermögen des Yogin und dem nächsten Ziel der darauf folgenden Meditationsphase in Beziehung.

Unterdrückende Konzentration

Die Unterdrückung der Bewußtseinstätigkeiten erlangt der Yogin in der »unterdrückenden Konzentration«. Es ist der im Yogasūtra zuerst geschilderte Meditationstypus. Der Text legt hier sein Hauptgewicht darauf, daß allein die Meditation die Unterdrückung der Bewußtseinstätigkeiten ermöglicht, was nur gelingen kann 1. durch anhaltende Beschäftigung und durch Leidenschaftslosigkeit (YS 1.12) oder 2. durch die Hingabe an die göttliche Macht, was aber zweifelsfrei auch lange Übung voraussetzt und in der Leidenschaftslosigkeit endet (YS 1.23). Der Kompilator scheint damit zwei verschiedene Traditionen vereinen zu wollen, nämlich eine, die keine göttliche Instanz voraussetzt, und eine theistische.

Der Yogin übt zunächst, sich vollkommen auf den Meditationsgegenstand zu konzentrieren. Dieser ist nun, anders als in der Vorbereitungsphase, kein beliebiger mehr, sondern der, welcher die Erkenntnis des Selbst ermöglicht: im ersten Fall sein Bewußtsein und in der theistischen Variation die göttliche Instanz. Wenn dem Yogin die Meditation gelingt, gewinnt er mittels des Meditationsobjekts die Erkenntnis des Selbst, was ihn vom Begehren nach weltlichen Gütern befreit, weil er ihren schädigenden Einfluß auf das reine Bewußtsein erkannt hat (YS 1.13–16).

Der Weg zur Unterdrückung geht über Vertrauen, Kraft, Erinnerung, unterdrückende Konzentration und die Erkenntnis: Der Wille zur Unabhängigkeit und die Zuversicht in sein eigenes Vermögen, die Unabhängigkeit erreichen zu können, führen den Schüler dahin, den Yoga tatkräftig zu praktizieren. Der Übende muß darauf achten, was seinem Weg nützt und was ihn behindert, so daß er in der Zukunft nur das Förderliche pflegt, das Abträgliche meiden kann. Alles einmal Wahrgenommene muß in der Erinnerung gespeichert sein, damit es bei Bedarf wieder ins Bewußtsein gelangt, von dem es im Laufe der Konzentration als Meditationsobjekt aufgegriffen und verarbeitet werden kann. Mit der unterdrückenden Konzentration hat sich der Yogin von der Welt abgewendet und der erstrebenswerten Erkenntnis zugewendet (YS 1.20).

Äußerst knapp beschreibt der Text den Ablauf der unterdrückenden Konzentration selbst (YS 1.17–18). Sie unterscheidet sich in die »erkenntnishafte« *(saṃprajñāta)* und die auf sie folgende »andere«,[6] je nachdem, ob das Meditationsobjekt Gegenstand der Betrachtung ist oder ein aus der Meditation verbliebener Eindruck des Meditationsobjektes. Im Yogasūtra gleicht ein Meditationsvorgang in seiner Anfangsphase immer einem Wahrnehmungsvorgang, unterscheidet sich aber dann davon, weil der Yogin durch die Meditation Kenntnis vom wahren Wesen des Meditationsgegenstandes erhalten kann. Deswegen muß im Verlauf jeder Meditation auch die Erkenntnistheorie berücksichtigt werden. Wie bei jeder Wahrnehmung vermischt sich zunächst auch in der Meditation der »Inhalt« des Objektes mit Vorstellungen, die allein mit seiner »Bezeichnung« verbunden sind, und mit dem »vermeintlichen Wissen« darüber. Der Meditationsvorgang ermöglicht aber, daß der Yogin nur noch den »Inhalt« des Objektes sieht, also frei von den Vorstellungen, die allein die Bewußtseinstätigkeiten ihm anhängen.

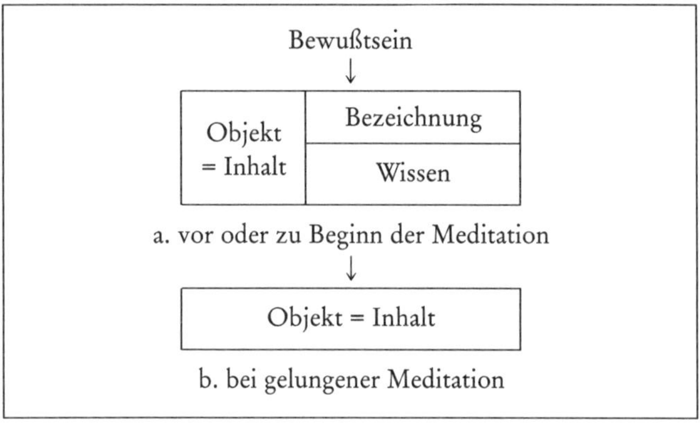

Tafel 23: Wahrnehmung des Objektes im Meditationsverlauf

Vor diesem Hintergrund zeichnet sich die Struktur des ersten Meditationstypus ab: 1. Das Nachdenken (*vitarka* m.): Der Yogin vertieft sich auf der ersten Stufe in das Objekt, so wie es sich dem empirischen Bewußtsein darstellt. Damit hängt zusammen, daß sich die von den Bewußtseinstätigkeiten projizierten Vorstellungen mit dem Wesen des Objektes mischen (vgl. Tafel 23a).

2. Das Überlegen (*vicāra* m.): Unmittelbar daran schließt sich die Einsicht über die Ursachen der Gestalt des Meditationsobjektes. Der Yogin erkennt in dieser Phase, daß jede Erscheinung am Objekt bzw. das Objekt selbst in Zusammenhang mit einer Ursache steht. Er dringt in die kausalen Zusammenhänge des Objektes ein und hat damit die Phase des »Nachdenkens« hinter sich gelassen.

3. Die Freude (*ānanda* m.): Nach den ersten beiden Stufen hat der Yogin das Objekt in seiner Form und deren Ursachen erkannt. Er kann sich nun der freudvollen Erfahrung hingeben, die über dem nachdenkenden und überlegenden Wahrnehmen des Objektes liegt, da ihr der untersuchende Charakter der ersten beiden fehlt.

4. Ich-bin-heit (*asmitā* f.): Auf der letzten Stufe nun wird die freudvolle Erfahrung des Objektes abgelöst durch die bloße Erfahrung der in der unterdrückenden Konzentration erworbenen wahren Gestalt des Meditationsobjekts (vgl. Tafel 23b). Hierbei ist jede andere der vier Phasen der Konzentration ausgeschaltet, die Bewußtseinstätigkeiten projizieren keine eigenen Vorstellungen mehr auf das Objekt. Somit zeigt sich ein doppelter Effekt der unterdrükkenden Konzentration: Das Meditationsobjekt wird in seiner wahren Gestalt erfaßt, und die Bewußtseinstätigkeiten werden unterdrückt. Nun aber stellt sich die Frage nach dem Meditationsobjekt, das der unterdrückenden Konzentration zugrunde liegt. Aus der Unterscheidung zwischen der »erkenntnishaften« und der »anderen«, auf sie folgenden, ergibt sich zunächst eine Differenzierung, der das Objekt im Laufe der Meditation unterworfen wird: das sichtbare Objekt, die Vorstellung, die kraft des Denkens entstanden ist, oder aber, was nach deren Auslöschung noch bleibt, ein Eindruck. Damit sind die Objekte des Wachbewußtseins und des Unbewußten in einer aufsteigenden Reihe angeordnet. Die Meditationsübung beginnt beim wahrnehmbaren Objekt und endet beim Inhalt des Unbewußten, welches erst in die Sicht kommt, wenn das Bewußtsein, von Inhalten der empirischen Welt befreit, leergeräumt ist, was durch die Meditation gelingt. Weil der Yogin über das Meditationsobjekt während der unterdrükkenden Konzentration die Erkenntnis des Selbst gewinnen muß, kann das Objekt kein Beliebiges sein.

Im Yogasūtra findet sich zunächst keine explizite Aussage darüber, doch legt der Verlauf der Konzentration das

Meditationsobjekt fest: Es handelt sich um das empirische Bewußtsein, welches während der Meditation von seinen Inhalten geleert wird, bis es zuletzt, bar jeglichen Inhalts, mit dem reinen Bewußtsein identisch wird. In dieser Phase tritt das Ich in Erscheinung, unbelastet von Einflüssen, die seinem Wesen fremd sind. Im Verlaufe der Konzentration hat der Yogin alle das eigentliche Selbst verdeckenden Schichten aus dem empirischen Bewußtsein ausgelöscht, die durch die Bewußtseinstätigkeiten entstanden sind. Doch hängt an der Erkenntnis über das Meditationsobjekt noch ein Eindruck, der eine neue Bewußtseinstätigkeit auslösen könnte; seine Unterdrückung schließt sich im folgenden an. Jede der vier Meditationsstufen der unterdrükkenden Konzentration muß so lange geübt werden, bis der Yogin sie mühelos erreicht.

In Zusammenhang mit der Unterdrückung der Bewußtseinstätigkeiten verdient ein zweites Meditationsobjekt Aufmerksamkeit, das bereits in der Vorbereitung zur Meditation eine Rolle gespielt hat: die göttliche Macht (*īśvara*). Dort hatte das Murmeln des Wortes *praṇava* und das Nachsinnen darüber Hindernisse beiseite geräumt und dazu beigetragen, die Befleckungen zu schwächen.

Die göttliche Macht wird im Text nun als das »besondere Selbst« definiert, welches niemals mit den Befleckungen verbunden war und deswegen auch niemals die leidvollen Empfindungen, die mit ihnen zusammenhängen, erfahren hatte. Nur Allwissenheit keimt in der göttlichen Macht. Der Yogin dringt bei der Betrachtung des Göttlichen immer tiefer in dessen wahres Wesen, wobei auch hier die Bewußtseinstätigkeiten Schritt für Schritt wie bei der unterdrückenden Konzentration auf das Bewußtsein reduziert werden. Die letzte Stufe der Konzentration führt zu der Erkenntnis, daß in der göttlichen Macht die Allwissenheit keimt, daß sie sogar identisch mit der Allwissenheit ist. In diesem Zustand der Konzentration über die göttliche Macht fällt das Meditationsobjekt mit dem Bewußtsein zusammen, da in dem Augenblick jede Bewußtseinstätigkeit aufgehoben ist. Es besteht kein Unterschied mehr zwischen dem Subjekt (Bewußtsein des Übenden) und dem Meditationsobjekt (göttliche Macht). In diesem göttlichen Selbst nun erkennt der Yogin die seinem Selbst entsprechende Form und nimmt die Allwissenheit der göttlichen Macht als seine eigene auf.

Identifizierende Konzentration

Noch im ersten Buch des Yogasūtra zeichnet sich ein anderer Meditationstypus ab: die identifizierende Konzentration. Sowohl terminologische als auch inhaltliche Unterschiede in der Darstellung dieser Meditation zeigen deutlich, daß es sich nicht um den gleichen Typus wie den der unterdrückenden Konzentration handeln kann. Die Schilderung des Meditationsablaufs setzt in dem Stadium ein, wo die Bewußtseinstätigkeiten des Yogin »geschwunden« sind. Es sind hier aber nicht die durch unterdrückende Konzentration beseitigten Bewußtseinstätigkeiten gemeint. Patañjali weist vielmehr auf das durch die Vorbereitung auf die Meditation darin geübte Bewußtsein hin, sich auf ein Objekt zu sammeln und beständig dort zu verweilen. Im Akt der Meditation richtet sich das Erkenntnissubjekt auf das Erkenntnisobjekt. Das Erkenntnissubjekt ist immer identisch mit dem Bewußtsein, welches allein fähig ist, das Erkenntnisobjekt zu erfassen und zu begreifen, weshalb Patañjali das Subjekt den »Erfasser« nennt. Der Akt selbst ist dementsprechend das »Erfassen« und das Erkenntnisobjekt das »Erfaßbare«. Wenn der Akt der Meditation vollzogen ist und der Erfasser das Erfaßbare erfaßt hat, so verschmelzen die drei ineinander und werden gleich, was diesem Meditationstypus seinen Namen gegeben hat. Das Bewußtsein ist nun identisch mit seinem Meditationsgegenstand.

Das Yogasūtra wählt das Bild eines Juwels, in dem sich die um ihn liegenden Dinge spiegeln und so mit ihm verschmelzen (YS 1.41). Bis dahin entspricht die Meditation dem normalen Wahrnehmungsvorgang mit dem Unterschied, daß das Bewußtsein auf ein einziges Objekt gerichtet ist, das der Übende zuvor willentlich bestimmt hat. Im Gegensatz zum Meditationsbewußtsein nämlich wird das empirische Bewußtsein jeden Moment mit einer Vielzahl von Einzeldingen angefüllt, und ein ungeübtes Bewußtsein ist gezwungen, sie zu erfassen, ohne daß es Macht darüber hat, die Gegenstände selbst zu bestimmen. Infolgedessen läßt sich die eigentliche Gestalt des Bewußtseins nicht mehr ausmachen, weil es identisch ist mit den erfaßten Objekten und dem Erfassen.

Das Erfassen der Dinge der Außenwelt ist, gemäß der Theorie des Sāṃkhya, die Aufgabe der Sinnesvermögen, die als »äußeres« Werkzeug oder Organ dem »inneren« Werkzeug Zugang zum Sichtbaren verschaffen. Dementsprechend sind sie identisch mit dem Erfassen, zumindest dann, wenn das Erfaßbare ein wirklicher Gegenstand ist. Für die identifizierende Konzentration trifft das zunächst auch zu: Als Meditationsgegenstand dient ein Objekt, das sich aus den groben Elementen zusammensetzt. Während der Meditation dringt der Yogin in das Wesen dieses Gegenstandes ein und erkennt in ihm dessen Ursprünge: Gemäß der Schöpfungsreihe der Sāṃkhyakārikā sieht der Yogin, daß sich jener grobe Stoff ursprünglich aus den feinen Reinstoffen zusammensetzte. Er gelangt weiter zu der Einsicht, daß erst die Sinnesvermögen, nämlich die Fünf Wahrnehmungs- und die Fünf Tatvermögen, zusammen mit dem Inneren Werkzeug, also dem Bewußtsein – Patañjali benennt sie nur als »das nur Merkmal ist« – ihr Erfassen möglich macht. Und von da wiederum gelingt dem Yogin die Verbindung dessen, das nur Merkmal ist, mit dem Merkmallosen, der Urnatur (YS 1.45). Stufe für Stufe ändert sich also das Meditationsobjekt: Gegenstand der Betrachtung ist zunächst das aus den groben Elementen zusammengesetzte Objekt, anschließend seine feinen Stoffe, dann die Sinnesvermögen. Schließlich wendet sich der Yogin auch von ihnen ab, seinem Bewußtsein zu. Das letzte Meditationsobjekt stellt die reine Urnatur dar.

Das Meditationsobjekt erleichtert dem Yogin einerseits, das Stadium der Meditation überhaupt zu erreichen, andererseits stößt er über das Objekt zum Kern des Bewußtseins, nämlich zum Selbst vor. Das Objekt birgt also tatsächlich die Wahrheit schon in sich. Sobald der Yogin aber aus der Meditation auftaucht, werden sich nachwirkende Eindrücke von dem Objekt zu Beginn der Meditation zeigen, die den Befleckungen im Bewußtsein abermals Gelegenheit bieten, aufzukeimen. Solange der Yogin also noch an einem Objekt hängt, wird diese Meditation »unterdrükkende Konzentration mit Keim« genannt.

Die identifizierende Konzentration vollzieht sich in je zwei Stufen für jedes Objekt (s. Tafel 24).

<table>
<tr><th>Meditationsphase</th><th>Objekt</th><th>Meditationsphase</th><th>Objekte</th></tr>
<tr><td>identifizierende Konzentration genannt: »mit Nachdenken«</td><td rowspan="2">grobe Elemente</td><td>identifizierende Konzentration »mit Überlegen«</td><td rowspan="2">Reinstoffe; Wahrnehmungs- und Tatvermögen; empirisches Bewußtsein bzw. Seelenmerkmal; Merkmalloses (Urnatur)</td></tr>
<tr><td>identifizierende Konzentration genannt: »ohne Nachdenken«</td><td>identifizierende Konzentration »ohne Überlegen«</td></tr>
</table>

Tafel 24: Stufen der identifizierenden Konzentration = unterdrückende Konzentration mit Keim

Die »unterdrückende Konzentration mit Keim« (*sabīja samādhi* m. YS 1.46) ist unterteilt in: 1. identifizierende Konzentration mit Nachdenken (*savitarka samāpatti* f. YS 1.42), 2. identifizierende Konzentration ohne Nachdenken (*nirvitarka samāpatti* f. YS 1.43). Hierbei dient dem Yogin ein aus groben Elementen bestehender Gegenstand als Meditationsobjekt. 3. identifizierende Konzentration mit Überlegen (*savicāra samāpatti* f. YS 1.44), 4. identifizierende Konzentration ohne Überlegen (*nirvicāra samāpatti* f. YS 1.44). Meditationsobjekt ist der gleiche Gegenstand wie in den ersten beiden Stufen, doch nicht seine gegenwärtige grobstoffliche Erscheinung, sondern seine feinstoffliche Zusammensetzung. Von dem ausgehend führt die nächste Meditationsstufe zu den Zehn Sinnesvermögen, die ebenso betrachtet werden durch die identifizierende Konzentration 1. mit und 2. ohne Überlegen. Schließlich wird das Bewußtsein selbst zum Gegenstand der Betrachtung auf ebendiese Art und Weise.

Wie bereits bei der unterdrückenden Konzentration wird die Wahrnehmung eines jeden Objekts in eine Dreiheit unterteilt: in die Vorstellung, die der Meditierende vom Objekt hat und die er sich durch dessen bloße Bezeichnung macht; in seinen tatsächlichen Inhalt und in das Wissen vom Objekt. In der identifizierenden Konzentration versucht der Yogin diese Wahrnehmungsumstände, die den Blick auf das Objekt in seiner wirklichen Form trüben, auszuschalten, indem er eins mit dem Objekt zu werden trachtet. Auf der ersten Stufe identifiziert sich das Bewußtsein des Yogin mit all denen den eigentlichen Inhalt des Objekts überlagernden Vorstellungen, die verhindern, das Objekt als solches zu erfahren. Auf der nächsten Stufe erscheint der Gegenstand allein ohne die ihn sonst begleitenden Umstände, weil durch die absolute identifizierende Konzentration des Subjekts mit dem Objekt auch die vom Bewußtsein hervorgebrachten Faktoren wegfallen, welche die Wahrnehmung sonst begleiten.

Die vier Meditationsstufen bezeichnen zunächst unterschiedliche Grade, wie das gleiche Meditationsobjekt begriffen wird. Auf den ersten beiden Stufen nimmt das Bewußtsein das Meditationsobjekt als eines wahr, das aus den Elementen zusammengesetzt ist, und auf den nächsten beiden als das gleiche, das aus Reinstoffen besteht. Damit hat das Bewußtsein das Objekt durchdrungen und aufgelöst. Auf allen vier Stufen wird das Objekt betrachtet in Hinblick auf seine Wahrnehmung durch die Bezeichnung, seinen Inhalt und das damit verbundene Wissen darüber. Auf der ersten und dritten Stufe erfährt der Meditierende das aus den groben Elementen und den feinen Reinstoffen bestehende Objekt als eine Zusammensetzung aus den drei Faktoren Inhalt, Wissen und Bezeichnung. Wenn sich das Bewußtsein weiter in das Objekt vertieft, wird es ihm gelingen, identisch mit ihm zu werden und Bezeichnung sowie Wissen auszuschalten. Sie spielen dann bei der Wahr-

Bewußtsein mit Nachdenken	→	Bezeichnung Wissen	Inhalt = Objekt grobstofflich
Bewußtsein ohne Nachdenken	→	Inhalt = Objekt grobstofflich	
Bewußtsein mit Überlegen	→	Bezeichnung Wissen	Inhalt = Objekt feinstofflich
Bewußtsein ohne Überlegen	→	Inhalt = Objekt feinstofflich	

Tafel 25: Stufen der identifizierenden Konzentration

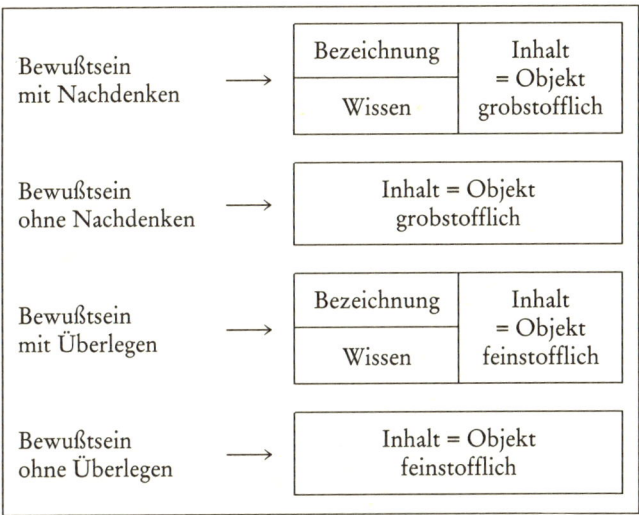

nehmung des Objektes gar keine Rolle mehr. Wenn der Yogin diese Übung beherrscht, nimmt er sich, der Schöpfungsreihe des Sāṃkhya folgend, immer feinere Meditationsobjekte vor, bis er schließlich zur Urnatur gelangt. Das Bewußtsein nimmt dann »die das Selbst betreffende Reinheit« an (YS 1.47). In diesem Stadium der Meditation liegt die »wahrheitstragende Erkenntnis« (YS 1.48). Auch hiermit ist noch nicht die Unabhängigkeit des Bewußtseins erreicht, denn der Yogin muß auch noch die Eindrücke ausmerzen, die im Verlauf der Meditation vom Objekt im Bewußtsein zurückgeblieben sind.

Erst im Zusammenhang mit dem dritten Meditationstypus beschreibt das Yogasūtra die erforderlichen Vorbereitungen ausführlich.

Beherrschende Konzentration – der achtgliedrige Yoga

Noch einen dritten Meditationstypus schildert Patañjali im Yogasūtra. Dieser bildet zusammen mit ihm vorausgehenden Übungen, die zur eigentlichen Meditation führen, den »achtgliedrigen« (*aṣṭāṅga*) Yoga. Patañjali zählt die Acht Glieder auf (YS 2.29), wobei er zwischen »äußeren Gliedern« und »inneren Gliedern« unterscheidet. Die ersten fünf Glieder sind die »äußeren«, da sie zur Meditation hinführen. Sie heißen Sittlichkeit (*yama* m.), Selbstzucht (*niyama* m.), Sitzhaltungen (*āsana* n.), Atemzügelung (*prāṇāyāma* m.) und Zurückziehen [der Sinnesvermögen] (*pratyāhāra* m.). Die letzten drei Glieder sind die »inneren«, weil ihre erfolgreiche Ausführung den Yogin nahe ans Ziel, zur Unabhängigkeit, führt. Die »inneren Glieder« (YS 3.7) heißen Festhalten (*dhāraṇā* f.), Versenkung (*dhyāna* n.) und unterdrückende Konzentration (*samādhi* m.). Ein Yogin erlernt die acht Glieder nacheinander. Er muß das erste beherrschen, bevor er mit dem zweiten beginnt. Nur so kann er zum Ziel gelangen.

Jedes Glied für sich bedeutet eine Beschränkung der Tätigkeiten des Übenden, die schließlich darin gipfelt, daß der Yogin, der alle Glieder beherrscht, sein Bewußtsein auf einen einzigen Punkt richtet, auf das Wissen. Durch diese scheinbare Reduktion eröffnet sich dem Übenden die klare Sicht, die vorher gänzlich verdeckt war durch die Fünf Befleckungen, welche die Bewußtseinstätigkeiten trübten. Die Tätigkeiten werden zunächst durchaus noch als praktische Handlungen verstanden, dann aber als bloße Bewußtseinstätigkeiten. Das erste Glied führt vom rechten und unrechten Leben in einer Gesellschaft ausschließlich zum rechten Leben. Selbstzucht lehrt den Yogin seine Bedürfnisse zu zügeln. In den Sitzhaltungen verharrt er in einer einzigen Positur, durch die Atemübungen wird das Ein- und Ausatmen beobachtet und in seinem Fluß gehemmt, schließlich zieht der Yogin die Sinnesvermögen von ihren Objekten zurück, und während der Drei Glieder, die zur Meditation gehören, verharrt das Bewußtsein an einem Objekt, welches es zunächst noch äußerlich betrachtet, dann aber nur noch konzentriert in einem Punkt. Der achtgliedrige Yoga reduziert die Tätigkeiten des Übenden auf das Wesentliche, welches die Sicht auf alles ermöglicht.

Die äußeren Glieder

Sittlichkeit (*yama* m.): Jeder Mensch, der ein anerkanntes und verantwortungsbewußtes Leben führen will, hält sich an einige Regeln, die das Leben in der Gesellschaft erfordert. Aus diesem Grunde gibt es in Indien mindestens seit der Zeit der ersten Rechtstexte fest formulierte Vorschriften, denen unbedingt Folge zu leisten ist. Sie sind zusammengefaßt unter dem Begriff *yama* und im Deutschen zu verstehen als »Sittlichkeit«. Diese muß der Mensch über jede andere Regel stellen, und wer sie nicht ausübt, wird auch nicht für irgendeine andere Tugend belohnt. So heißt es in dem berühmten Gesetzestext des Manu, daß ein weiser Mann die Sittlichkeit immer ausüben muß, die Selbstzucht (zweites Glied bei Patañjali) dagegen nicht. Weiter heißt es dort, wenn einer zwar Selbstzucht übe, Sittlichkeit aber nicht, lade er Makel auf sich.[7] Die Regeln, die unter den Begriff »Sittlichkeit« fallen, sind in den Texten teils identisch, darüber hinaus gibt es auch Unterschiede, die von der Intention des Autors der entsprechenden Texte oder seines Auftraggebers abhängen. Patañjali zählt unter dem Begriff Sittlichkeit fünf Gebote auf, an die sich der Schüler halten muß, und die er – wie schon bei anderen derartigen Reihen – in der Folge ihrer Aufzählung erlernen soll: 1. Gewaltlosigkeit, 2. Wahrhaftigkeit, 3. Nichtstehlen, 4. Enthaltsamkeit, 5. Besitzlosigkeit (YS 2.30). Zum ersten Gebot fügt der Kommentator Vyāsa erläuternd hinzu, daß damit gemeint sei, »keiner Kreatur in irgendeiner Form und zu irgendeiner Zeit Übles antun«. Das heißt, so Vyāsa weiter, daß ein Fischer sich nicht an das Gebot der Nichtverletzung hält, weil er nur Fische fängt, oder ein Gläubiger, wenn er sich vornimmt, nur an einem heiligen Ort niemanden zu verletzen, oder ein Krieger, der nur in der Schlacht tötet. In dieser Regel gründen alle weiteren Vorschriften für Sittlichkeit und Selbstzucht. »Wahrhaftigkeit« bedeutet, daß man nie die Unwahrheit sprechen soll, daß die Rede nicht trügerisch oder verworren sein und vor allem niemandem schaden darf.

Die folgenden drei Gebote zur Sittlichkeit sind eindeutig und bedürfen keiner weiteren Erklärung. Derjenige, der sein Heil im Yoga finden will, muß sich ständig an diese Vorschriften halten, ohne zeitliche oder räumliche Unterbrechungen (YS 2.31). Die Universalität des ersten Gebotes gilt auch für die übrigen: In geschäftlichen Verhandlungen dürfe dementsprechend niemand, auch wenn es Vorteil bedeuten würde, trügerisch sprechen, selbst wenn es nicht einmal gegen die Wahrheit wäre. Sexuelle Enthaltsamkeit wird von jedem gefordert, der den Weg des Yoga einschlagen will. Konsequenterweise wird damit in den meisten

Fällen von einer Person verlangt, dem weltlichen Leben und seinen Aufgaben zu entsagen und sich ganz dem Leben als Yogin zu widmen, das bewußt mit dem bisherigen Leben bricht.

Auf der einen Seite werden mit diesem ersten Yoga-Glied grundlegende Vorschriften für das Leben in der Gesellschaft gegeben. Nur wer ein anständiges und gesetzliches Leben führt, darf überhaupt den Yoga ausüben. Darüberhinaus wird dem Yogin auch ein mönchisches Dasein abverlangt, da schon die Einhaltung dieses ersten Regelkatalogs ein Familienleben und auch die Ausübung vieler Berufe unmöglich macht. Das entspricht der yogischen Lehre, die vom Übenden fordert, daß er sich voll und ganz auf sein Ziel konzentriert, ohne einer Leidenschaft nachzugeben.

Selbstzucht (*niyama* m.): »Lauterkeit, Zufriedenheit, Askese, Studium, Hingabe an die göttliche Macht [beinhaltet] die Selbstzucht« (YS 2.32). Patañjali gibt zwar keine weitere Erläuterung zu diesen fünf Punkten, doch der Kommentator führt sie aus: Vyāsa unterscheidet zwischen »äußerer« und »innerer« Lauterkeit. Wenn jemand äußerlich unrein ist, so kann das zwei Ursachen haben: Entweder er hat sich äußerlich mit Dreck beschmutzt – den kann er abwaschen mit Erde oder Wasser oder ähnlichem. Oder er ist rituell unrein geworden, weil er mit Personen in Berührung gekommen ist, die selbst unrein geworden sind, etwa weil sie ein Verbrechen begangen haben. Durch das Essen von rituell reiner Speise kann er sich von solcher Verunreinigung befreien. Innere Unlauterkeit entsteht dadurch, daß geistige Verwirrungen aufgrund von Sinneseindrücken entstanden sind. Sie kann er abwaschen, indem er sie verdrängt. Zufriedenheit heißt, daß der Yogin sich mit dem begnügt, was er unbedingt zum Leben braucht. Askese meint das Ertragen von Extremen wie Hunger und Durst, Kälte und Hitze, tagelanges Stehen und Sitzen. Es bedeutet immer einen Verzicht oder eine Kasteiung, die dem Übenden besonders schwer fällt. Damit lernt er, über sich hinaus zu wachsen und dem Verlangen nach Bequemlichkeit nicht nachzugeben.

Das Studium der Texte, welche die Hintergründe des Yoga erläutern, sind der Erlösung förderlich, weil sie den Übenden in seiner Absicht bestärken und Zuversicht geben, daß der eingeschlagene Weg zum Ziel führt. Vyāsa erwähnt, daß stellvertretend für das Studium auch das Rezitieren der heiligen Silbe OM erlaubt sei. Hingabe an die göttliche Macht heißt, daß der Yogin alles in tiefstem Glauben an diese unternimmt. Diese Vorschrift macht aber nur für die Schüler einen Sinn, die wegen ihres Glaubens eine »theistische« Variante des Yoga praktizieren, ähnlich wie bei der unterdrückenden Konzentration.

Typisch auch für andere Bereiche des indischen Denkens, findet sich im Yogasūtra die Vorstellung eines Gleichgewichts zwischen Verzicht – in diesem speziellen Fall Einhaltung von Sittlichkeit und Selbstzucht – und magischen Kräften religiöser Art sowie auch weltlichen bzw. materiellen Vorteilen. Die Resultate des schrittweisen Verzichts und daraus entstehende Vorteile listet Patañjali auf (YS 2.35–45). Sobald sich der Yogin von Gewalt abgekehrt hat, bewirkt seine Gegenwart die Loslösung von Feindschaft (zwischen allen Lebewesen). Der Kommentator Vācaspatimiśra ergänzt, daß selbst Tiere sich nicht mehr anfeinden, deren Natur dies sonst sei, so wären z. B. Katze und Maus oder Schlange und Mungo friedlich miteinander, wenn der Yogin in ihrer Nähe sei. Wenn der Yogin sich in der Wahrhaftigkeit vervollkommnet hat, so wird all das wirklich werden, was er ausspricht. Vyāsa ergänzt dies mit der Behauptung, daß der Mann sofort himmlischen Frieden erfährt, für den der Yogin den Satz ausspricht »Du erfährst himmlischen Frieden«. Dies ist auch ein Grund, warum die Yogins des alten Indien vielfach verehrt wurden. Das Wohlwollen eines Mannes zu besitzen, der derart Heilsames über seine Anhänger bringen kann, ist nützlich.

Sitzhaltungen (*āsana* n.): Mit dem Begriff Yoga verbindet in unserer Zeit auch derjenige, der sich nicht mit der Thematik vertraut gemacht hat, die yogischen Posituren. Um so überraschender mag es sein, daß im Lehrbuch des Patañjali zu diesem Thema lediglich ein Satz zu finden ist: »Feste (nach Vācaspatimiśra heißt das ›bewegungslose‹), angenehme Sitzhaltung [entsteht] aus der Lockerung der Anspannung und aus der identifizierenden Konzentration mit der Unendlichkeit« (YS 2.46–47). Erst der Kommentator Vyāsa nennt zehn Haltungen, darunter »Lotossitz«, »Kamelsitz«, »Heldenstellung«, »Stocksitz«, ohne sie aber zu beschreiben. Seine Aufzählung ist nicht vollständig, was Vyāsa durch die Wendung »angefangen mit« andeutet. Im Gegensatz zu Vyāsa beschreibt der zeitlich auf ihn folgende Kommentator Vācaspatimiśra die einzelnen Sitzhaltungen, wobei offensichtlich der Lotossitz zu seiner Zeit so populär war, daß er dazu lediglich bemerkt »Der Lotossitz ist bekannt«. Daß das Yogasūtra nur wenig über die Sitzhaltungen schreibt, ist verständlich, denn diese Übungen bereiten die Meditation vor.

Für die Meditation ist es allerdings wichtig, daß der Yogin gelernt hat, lange Zeit bewegungslos in der gleichen Haltung zu verweilen, ohne daß ihm seine Stellung unangenehm werden könnte. Die Meditationsübungen dauern lange, und in dieser ganzen Zeit würde jede Bewegung des Körpers ablenken. Nichts darf die Gedanken des Yogin stören. Sein Körper muß unempfindlich gemacht werden gegen Hitze, Kälte und Schmerzen, er muß in sich ruhen. Eine solche körperliche Ausdauer zu erreichen, bedarf langer Übung. Der kleine Satz des Patañjali erfordert mehr, als er zunächst erahnen läßt. Der Erfolg der Übungen besteht darin, so Patañjali, daß der Körper extreme äußere Umstände ertragen kann, ja sogar völlig unbeeinflußt davon sein wird (YS 2.48). Vyāsa nennt Kälte und Hitze als Beispiele für äußere Umstände. Als »äußeres Glied« wirken die yogischen Posituren indirekt auf die letzte Stufe der Meditation. Meditation heißt, die Gedanken starr, ohne Ablenkung, auf einen Punkt zu richten. Äußere Umstände, die durch den Körper erfahren werden, dürfen nicht mehr wahrgenommen werden. Dies würde von der Konzentration abhalten. Es ist einsichtig, daß der Körper geschult werden muß, regungslos und empfindungslos zu werden. Die Tatsache, daß Patañjali kein einziges *āsana* nennt, sondern lediglich deutlich macht, daß die Haltung bewegungslos und entspannt sein soll, heißt keinesfalls, daß nicht einige der später genannten Körperhaltungen schon zu seiner Zeit praktiziert wurden. Patañjali konzentriert seine Ausführungen auf die Disziplinierung des Bewußtseins.

Atemzügelung (*prāṇāyāma* m.): Die richtige Sitzhaltung ist Voraussetzung für die Atemzügelung – das Anhalten von Einatmen und Ausatmen. Die Zügelung wird beobachtet in Hinblick auf den Atemweg oder die räumliche Ausdehnung des Atems, die Dauer des Atemstroms und die Zählung der Atemzüge. Patañjali unterscheidet in »äußere«, »innere« und »angehaltene Atemzügelung« (YS 2.49–50). Technische Einzelheiten erfahren wir aus den Kommentaren: »Äußere und innere Atemzügelung« heißt, daß der Atem nach dem Ausatmen oder dem Einatmen angehalten wird. »Angehalten« ist die Atemzügelung, wenn der Atem zu einem Zeitpunkt angehalten wird, wo Ein- und Ausatmen bereits »unterdrückt« sind, d. h. wenn kaum spürbar geatmet wird. Zu diesen drei Möglichkeiten der Atemzügelung kommt eine weitere: »Die über den äußeren und inneren Bereich hinausgeht, ist die vierte« (YS 2.51) – hier hält der Yogin den Atem an, wenn der Vorgang des Ausatmens oder der des Einatmens noch nicht abgeschlossen ist.

Grundlage für die Atemzügelung im Yoga war die Beobachtung, daß verschiedenen Bewußtseinszuständen eine unterschiedliche Atmung entspricht. So betrachtet Patañjali heftiges, unregelmäßiges Ein- und Ausatmen als Zeugnisse für Bewußtseinszerstreuungen (YS 1.31); gleichzeitig kann der Yogin innere Ruhe durch kontrolliertes Atmen erreichen (YS 1.34): Ein entspannter Mensch atmet ruhig und gleichmäßig, in Aufregung versetzt, wird seine Atmung dagegen schnell und unregelmäßig. Ein Zorniger »schnaubt« vor Wut. Die yogischen Atemübungen sollen nun umgekehrt den Yogin in einen Bewußtseinszustand bringen, der für die Konzentration förderlich ist und dem Zustand entspricht, in dem die Bewußtseinstätigkeiten unterdrückt sind. Einen solchen Zustand verbindet Patañjali mit der Unterdrückung des Atemflusses. Zum Ziel hat das Anhalten der Atemströme, daß »das die Erhellung Hemmende vermindert wird, das Denkvermögen für das Festhalten fähig wird« (YS 2.52–53).

Zurückziehen der Sinnesvermögen (*pratyāhāra* m.): Mit diesem fünften und letzten »äußeren Glied« des Yogaweges ist der Yogin bereits an der Schwelle zu den eigentlichen Meditationsübungen angekommen. Ziel dieser Übung ist es, sich von äußeren Eindrücken nicht stören zu lassen und sich dabei sammeln zu können. Der Yogin hat dann die Sinnesvermögen in seiner Gewalt (YS 2.55). Durch das Zurückziehen geben sie die ihnen zukommende Aufgabe – das Erfassen der Außenwelt – auf und gleichen sich dadurch dem Bewußtsein an (YS 2.54). Die Verbindung zwischen den Sinnesvermögen und den Sinnesobjekten ist unterbrochen, und das Bewußtsein wird nicht mehr von den Objekten beeindruckt. Es ist nun identisch mit seinen gespeicherten Inhalten, ohne neue aufnehmen zu müssen. Wenn der Yogin fähig geworden ist, sich von der Außenwelt zurückzuziehen, hat er die Meisterschaft über die Sinnesvermögen erreicht, und das Bewußtsein wird aus seiner

Versklavung durch sie befreit. Er mag zwar noch sinnliche Vorstellungen haben, da sich die Sinnesvermögen aber nicht mehr auf äußere Gegenstände richten, ist die Verbindung des Bewußtseins zur Außenwelt abgeschnitten, die ja, ganz wie im Sāṃkhya, nur auf den Sinnesvermögen beruht. Die nun noch auftretenden Vorstellungen speisen sich aus der Erinnerung.

Welche Resultate durch die äußeren fünf Glieder erzielt werden, soll an folgender Liste (s. nächste Seite) zusammenfassend deutlich gemacht werden.

Damit sind die ersten Glieder des Yoga abgeschlossen. Der Yogin, der gelernt hat, diese Stufen alle zu meistern, kann mit den inneren drei Gliedern beginnen.

Die inneren Glieder oder die beherrschende Konzentration

Es gibt drei »innere Glieder« des Yoga, die unter dem Oberbegriff »beherrschende Konzentration« (*saṃyama* m., YS 3.4) zusammengefaßt sind. Daß Patañjali diesen Begriff für alle drei zusammen benutzt, deutet bereits darauf hin, wie eng die drei letzten Glieder zusammengehören, und daß sie eigentlich den Ablauf einer einzigen Meditation bezeichnen, der in drei Phasen unterteilt wird. Da die zweite und dritte Stufe nie ohne die erste bzw. die zweite erreicht werden kann, wohl aber die erste, ohne daß die zweite darauf folgen muß, oder die zweite ohne die dritte, wird die Unterscheidung der drei Phasen erforderlich. Zugleich geben sie Hinweise auf die Meditationsstruktur. Mit der ersten Stufe der beherrschenden Konzentration beginnt das dritte Buch im Yogasūtra des Patañjali. Daß das zweite Buch mit dem fünften Glied endet, das dritte mit dem sechsten beginnt, zeigt ihre Wichtigkeit und ihre Verschiedenheit von den ersten fünf Gliedern des Yoga. Die drei letzten führen nämlich direkt zu der höchsten Stufe der Meditation hin, zur »keimlosen unter-

Stelle im YS	*Übung*	*Resultat bzw. Gewinn*
	1. Sittlichkeit	
2.35	Gewaltlosigkeit	in seiner Anwesenheit wird Feindschaft aufgegeben
2.36	Wahrhaftigkeit	unmittelbar folgendes, positives Resultat
2.37	Nichtstehlen	er bekommt alle Edelsteine
2.38	Enthaltsamkeit	Kraft
2.39	Besitzlosigkeit	Verständnis früherer Geburten
	2. Selbstzucht	
2.40–41	Lauterkeit	Wunsch, die eigenen Glieder reinzuhalten, Reinheit der Güte, innere Zufriedenheit, Auf-eins-Gerichtetsein, Sieg über Sinnesvermögen, Befähigung zur Sicht des Eigentlichen
2.42	Zufriedenheit	höchstes Glück
2.43	Askese	läßt Unreinheit vergehen, Vollkommenheit des Körpers und der Sinnesvermögen
2.44	Studium	lohnende Verbindung mit der gewünschten Gottheit
2.45	Hingabe an die göttliche Macht	Vollkommenheit der unterdrükkenden Konzentration
2.46–48	*3. feste, angenehme Sitzhaltung*	Unangreifbarkeit für Extreme

Stelle im YS	*Übung*	*Resultat bzw. Gewinn*
2.49–53	*4. Atemzügelung*	Erhellung und Fähigkeit des Denkvermögens zum »Festhalten«
2.54–55	*5. Zurückziehen der Sinnesvermögen*	Fügsamkeit der Sinnesvermögen

Tafel 26: Die äußeren Glieder des Yoga (YS 2.35–55)

drückenden Konzentration« und damit zur Unabhängigkeit, wobei die ersten fünf Glieder vorbereitende Funktion hatten.

Die drei Stufen dieses Meditationstypus heißen der Reihe nach: Festhalten (*dhāraṇā* f.), Versenkung (*dhyāna* n.) und unterdrückende Konzentration (*samādhi* m.). Durch die Meisterung der drei letzten Glieder entsteht »das Licht der Erkenntnis« (YS 3.5). Sie sind die »inneren Glieder«, da sie im Gegensatz zu den vorigen fünf direkt auf die Erkenntnisschau zielen (YS 3.7). Doch auch sie bilden in bezug auf die »keimlose unterdrückende Konzentration« noch die »äußeren Glieder« (YS 3.8), da sie dem Yogin nicht die letzte Freiheit verschaffen. Noch nämlich ist er an ein Objekt oder einen Bewußtseinseindruck gebunden, der ihm dazu diente, diese letzte Stufe der Meditation zu erreichen.

Festhalten (*dhāraṇā* f.): Im sechsten Glied muß der Yogin sein Bewußtsein auf einen bestimmten Ort hinlenken und es allein auf diesen fixieren. Patañjali sagt: »Die Bindung des Bewußtseins an einen Ort ist Festhalten« (YS 3.1). Der Betrachtungsort darf kein beliebiger sein, weil jeder mit einer bestimmten Einsicht verbunden ist, die dem Yogin die Richtung zur Erlösung weist. Die gewählten Orte können yogische Einsichten sein (z. B. die Lehre über die Veränderung des Bewußtseins in der Konzentration), Eindrücke und Vorstellungen, Orte im menschlichen Körper (Herz, Nabelkreis usw.) und Dinge der Außenwelt (Sonne, Mond usw.). Die Fixierung des Bewußseins auf diese Orte soll der Yogin in derselben Reihenfolge üben, wie sie im Yogasūtra (YS 3.16ff.) aufgelistet sind. Letztlich werden sie zum unterscheidenden Wissen führen, das den Yogin die angestrebte Wahrheit über sein Selbst erkennen läßt. Das Bewußtsein ist jedoch unbeständig und drängt dazu, sich sofort wieder von dem gewählten Betrachtungsort abzuwenden, indem sich andere Gedanken dazwischendrängen. Durch ständiges Üben versucht der Yogin, diese Augenblicke nahtlos aneinanderzureihen, damit der Vorgang des Festhaltens nicht dauernd wiederholt werden muß. Der Yogin könnte ansonsten nicht über diese Stufe hinauskommen. In diesem ersten Stadium der Meditation kann noch nicht die Rede sein vom gedanklichen Eindringen in ein Objekt. Tatsächlich definiert Patañjali diese Stufe auch als »Bindung an einen Ort« und nicht an ein Bewußtseinsobjekt. Es kann nur so verstanden werden, daß das Bewußtsein erst eine Hilfe braucht, wo es sich einhaken kann, um dadurch in das Objekt einzudringen, wobei der genannte Ort nur stellvertretend für das hinter ihm stehende Objekt ist.[8] Wenn ihm das Festhalten des Bewußtseins an diesem einen Ort aber gelingt, so hat er die nächste Stufe erreicht.

Versenkung (*dhyāna* n.): In dieser zweiten Stufe ist es dem Meditierenden möglich, in den Ort einzutreten, indem er sein Wesen und seine Zusammengehörigkeit zu anderen erkennt. So kann er das im Ort stehende Objekt fassen, über welches er Wissen erlangen will. »Die [zeitliche] Ausdehnung einer einzigen Vorstellung diesbezüglich ist Versenkung« (YS 3.2). Das Meditationsobjekt wird vom Bewußtsein eingenommen. Noch besteht aber die

Dualität zwischen dem Akt der Meditation und dem Meditationsobjekt.

Unterdrückende Konzentration (*samādhi* m.): Auf die Versenkung des Bewußtseins in das Meditationsobjekt folgt nach andauernder Übung die unterdrückende Konzentration. Auf dieser Stufe der Meditation wird das Bewußtsein des Yogin eins mit dem Objekt. Sie verschmelzen miteinander: »Die nun ist, wenn sie gleichsam leer der Eigengestalt ist und nur mehr den Inhalt [des Objekts] glänzen läßt, die unterdrückende Konzentration« (YS 3.3). Bereits terminologisch lassen sich Übereinstimmungen mit dem ersten Meditationstypus erkennen. Das Bewußtsein erlangt vollkommen klare Sicht auf das eigentliche Wesen des Meditationsobjektes, weil die aus Bezeichnung und Wissen resultierenden Vorstellungen ausgeschaltet sind.

Als Beispiel sei die beherrschende Konzentration erwähnt, die als Ort des Festhaltens den Mond wählt: Der Mond dient dem Yogin zunächst als Hilfsmittel, um das Denken auf einen einzigen Punkt zu konzentrieren. Dabei spielt aber nicht der Mond selbst als Gestirn am Himmel eine Rolle, welches vor allem nachts sichtbar ist, sondern die bloße Vorstellung Mond, die im Bewußtsein als Erinnerung gespeichert ist. Der Yogin befindet sich nämlich bereits auf der Stufe der Übungen, in der seine Sinnesvermögen von ihren Bereichen zurückgezogen sind. Nun dringt er tiefer ein in diese Vorstellung und erkennt bald, vom Mond ausgehend, dessen eigene Funktion am Firmament und die Zusammengehörigkeit mit den anderen Gestirnen und deren Funktion. Schließlich erreicht er das »Wissen um die Ordnung der Gestirne« (YS 3.27). Damit zeigt sich, daß der Mond lediglich Wegweiser für die eigentliche beherrschende Konzentration war, deren Objekt die Ordnung der Gestirne darstellte, über die der Yogin Wissen erlangte.

Wenn »Festhalten«, »Versenkung« und »unterdrückende Konzentration« ohne Unterbrechung, auf einen »Ort« und das ihm entsprechende Objekt bezogen, ausgeführt werden, ergibt sich für den Yogin ein bestimmtes Vermögen, das in unmittelbarem Zusammenhang mit dem Objekt steht. Im Verlauf dieser Meditation werden die Orte für das Festhalten und die damit verbundenen Meditationsobjekte den Yogin immer näher an das entscheidende Vermögen, nämlich an das Wissen heranführen. Eine Tabelle soll die Schritte verdeutlichen und gleichzeitig vor Augen führen, wie der Yogin mit Hilfe der beherrschenden Konzentration zur erlösenden Erkenntnis gelangt, die ihm schließlich das eigentümliche Wesen von Sichtbarem und Seher vor Augen führt (s. Tafel 27).

Nicht alle Resultate zeigen eine Verbindung zur Erlösung, sie behindern sie sogar, wie Patañjali feststellt (YS 3.37). Erst wenn Leidenschaftslosigkeit herrscht, und der Yogin vollkommen gleichgültig gegenüber den wunderbaren Vermögen ist und selbst an der Unterscheidung von Seher und dem vorzüglichsten der drei Bestandteile, der Güte, keinen Anteil mehr nimmt, ist sein Bewußtsein bereit für die Unabhängigkeit (YS 3.49–50). Noch immer aber hängt das Bewußtsein an einem Objekt bzw. an einer Vorstellung, die in diesem speziellen Meditationstypus die Unterscheidung zweier gleicher Dinge darstellt, gewonnen aus der Einsicht über die Momente und ihre Abfolge. Dieses Objekt und auch das daraus gewonnene Resultat hinterlassen Eindrücke im Bewußtsein des Meditierenden, die ihrerseits erneut Erkenntnisvorgänge auslösen und so das Bewußtsein noch nicht ganz zur Ruhe kommen lassen. Die endgültige Ruhe erlangt der Yogin aber nur in der keimlosen unterdrückenden Konzentration.

Wunderkräfte aus beherrschender Konzentration

Das Bewußtsein eines Menschen entfaltet im Moment der Geburt Kräfte, die im Verlauf des Lebens stärker werden können, wenn Heilkräuter oder Zaubersprüche richtig an-

Stelle im YS	*beherrschende Konzentration auf*	*Resultat*
3.16	Veränderungen des Bewußtseins in der Meditation (YS 3.9–15)	Wissen über Vergangenes und Zukünftiges
3.17	Trennung von Bezeichnung, Inhalt, Vorstellung des Meditationsobjekts	Wissen um die Stimmen aller Wesen
3.18	Eindrücke	Wissen um die früheren Geburten
3.19–20	Vorstellung	Wissen um das Bewußtsein eines anderen
3.21	Gestalt des Körpers	Unsichtbarkeit
3.22	Langsames und schnelles Reifen eines Werkes	Wissen um den Tod
3.23–24	Liebe, Mitleid, Heiterkeit, Gleichmut	Stärke
3.25	Licht der Bewußtseinstätigkeit [auf ein Objekt]	Wissen um das Feine, Verborgene, Entfernte
3.26	Sonne	Wissen um die Welten
3.27	Mond	Wissen um die Ordnung der Gestirne
3.28	Läufer (Polarstern)	Wissen um den Gang der Gestirne
3.29	Nabelkreis	Wissen um die Ordnung des Körpers
3.30	Halsgrube	Aufhören der Tätigkeit von Hunger und Durst

Stelle im YS	*beherrschende Konzentration auf*	*Resultat*
3.31	Schildkrötenröhre	Festigkeit
3.32	Glanz im Kopf	Sicht auf die Vollkommenen
3.33	Im plötzlichen Aufscheinen	[Kenntnis von] allem
3.34	Herz	Klarheit des Bewußtseins
3.35	Das, welches einen Selbstzweck hat, welches sich von der Güte unterscheidet	Wissen um das Selbst
3.36–37		besonders fähige Sinnesvermögen, plötzliches Aufscheinen
3.38	Lockerung der Ursache für Bindung, Wissen um das Hervortreten des Bewußtseins	Eingang des Bewußtseins in den Körper eines anderen
3.39	Sieg über den Aufhauch	kein Anhaften an Wasser, Schmutz, Dornen u. a., Aufsteigen [beim Tode]
3.40	Sieg über den Hauch, der den ganzen Körper durchdringt	Flammen
3.41	Verbindung zw. Hören u. Luftraum	göttliches Gehör
3.42	Verbindung zw. Körper u. Luftraum; identifizierende Konzentration auf Leichtigkeit	Fähigkeit, durch den Luftraum zu gehen

Stelle im YS	*beherrschende Konzentration auf*	*Resultat*
3.43	»Große Körperlose«	Verhüllungen der Erhellung
3.44	Grobstofflichkeit der Elemente etc.	Sieg über die Elemente
3.45–46		Fähigkeit, sich in Atome aufzulösen u. a., Vollendung des Körpers, die Elemente können den Körper nicht mehr angreifen
3.47	Erfassen, Eigengestalt, Ich-bin-heit, [ihre] Zusammengehörigkeit, [ihre] Zweckmäßigkeit	Sieg über die Sinnesvermögen
3.48		dem Denkvermögen entsprechende Schnelligkeit, Wirksamkeit der Sinnesvermögen ohne die Vermittlung des Körpers, Sieg über die Voraussetzung
3.49	Schau der Andersartigkeit von Güte und Selbst	über jeder Seinsweise stehen, alles wissen
3.50	Leidenschaftslosigkeit für alles oben Genannte, wenn Keim der Fehler geschwunden ist	Unabhängigkeit
3.52	Momente und [ihre] Abfolge	das aus der Unterscheidung geborene Wissen, Einsicht in zwei gleiche Dinge

Tafel 27: Beherrschende Konzentration

gewendet werden, wenn man Askese übt und sich in der Konzentration sammelt. Die Kräfte können durch diese Voraussetzungen in dem Maße ansteigen, daß sie über das gewöhnliche hinauswachsen und zu sogenannten Vollkommenheiten (*siddhi* f.) des Bewußtseins (YS 4.1) werden, die als eine Art Wunderkraft zu verstehen sind.

Ein fortgeschrittener Yogin erhält in der Literatur den Beinamen Mahāsiddha – »der große Zauberkräftige«. Dieser Titel für einen Meister des Yoga beinhaltet zweierlei: Einerseits besitzt der Yogin übernatürliche Kräfte, die er im Lauf seiner Übungen erlangt hat, andererseits verzichtet er – ohne den Verzicht als schmerzvoll zu empfinden – darauf, diese Zauberkräfte anzuwenden, da er ihre Sinnlosigkeit und ihre hemmende Wirkung auf dem Weg zur Erlösung erkannt hat.

Welche Zauberkräfte aber sind gemeint, und warum ist der leidenschaftslose Verzicht auf ihre Anwendung notwendig, um das Ziel des Yoga zu erreichen? Wenn der Yogin gelernt hat, die Stufen des achtgliedrigen Yoga zu meistern, ergeben sich für ihn bestimmte Fähigkeiten. Auf jede Übung folgt ein Resultat, schon wenn der Yogin die erste Regel der Sittlichkeit einhält: Wenn der Yogin in der Gewaltlosigkeit feststeht, so wird in seiner Anwesenheit jede Feindschaft aufgegeben. Die Konzentration auf die Andersartigkeit von Güte und Selbst bildet die letzte Stufe, aus der die Unabhängigkeit des Selbst resultiert. Bei einem Vergleich der Resultate mit ihrem Ausgangspunkt ergibt sich ein direkter Bezug, aber nicht unbedingt ein für die Erlösung förderliches Ergebnis. In keinem Verhältnis zur Unabhängigkeit stehen etwa die Fähigkeit, durch den Luftraum zu gehen (YS 3.42), oder die, sich in Atome aufzulösen (YS 3.45–46).

Es besteht kaum ein Zweifel daran, daß es sich nicht um Kräfte handelt, die sich real einstellen, sondern um solche, die wegen der tiefen Versenkung des Bewußtseins in seinen Inhalt im Bewußtsein als real vorgestellt werden. Beschreibungen von Zauberkräften sind nun keinesfalls neu, wie an früheren Texten gezeigt wurde, doch bringt das Yogasūtra – im Gegensatz zu den alten Vorstellungen – eine bestimmte Wunderkraft immer mit der Konzentration auf ein bestimmtes Meditationsobjekt in Verbindung. Einige Beispiele, die es aufzählt: Wissen über Vergangenheit und Zukunft (YS 3.16); Verstehen der Stimmen aller Lebewesen (YS 3.17); Wissen von den vorhergehenden Geburten (YS 3.18); Fähigkeit zum Gedankenlesen (YS 3.19); sich selbst Unsichtbarmachen (YS 3.21); Wissen vom künftigen Ende oder Vorahnung von Unheil (YS 3.22).

In der yogischen Meditation verschmilzt das Bewußtsein des Meditierenden mit dem Objekt. Das Verschmelzen ist aber auch immer ein wechselseitiges »in Besitz nehmen«, d.h. das Bewußtsein ergreift das Objekt, und umgekehrt wird es vom Objekt ergriffen. Alle übrigen Dinge der Außenwelt existieren nicht mehr, nur das Meditationsobjekt ist Wirklichkeit, wobei diese Wirklichkeit vollkommen durchdrungen und schließlich aufgelöst wird. Der Meditierende wird eins mit seinem Objekt, indem er dessen Eigenschaft zu seiner eigenen macht. Der Meditierende wird in diesem Zusammenhang aber nicht als der empirische Mensch mit einem Körper betrachtet, sondern als Bewußtsein, so daß das, was der Yogin in der Meditation kraft seines Bewußtseins erfahren hatte, für ihn tatsächlich Wirklichkeit geworden ist. Eine solche Erfahrung muß demzufolge durch jede Meditation über ein bestimmtes Objekt gelingen. Eine aus der Meditation resultierende Wunderkraft ist speziell dann zu erwarten, wenn das Meditationsobjekt im Zusammenhang mit Bereichen steht, die über es selbst hinausgehen.

Ein Beispiel ist die beherrschende Konzentration auf einen Bewußtseinseindruck, durch die der Yogin das »Wissen um frühere Geburten« erhält: Der yogischen Lehre entsprechend ballen sich die Werke bzw. Bewußtseinstätigkeiten zusammen und verursachen eine neue Geburt. Die Bewußtseinstätigkeiten nun beruhen auf Eindrücken, die ihrerseits Tätigkeiten verursachen. Ihre Qualität wiederum bestimmt die neue Geburt in Hinblick auf die persönlichen Umstände des Menschen, sein Lebensalter und seine Welterfahrung, so daß die Tätigkeiten und ihre Eindrücke in unmittelbarem Zusammenhang mit den Eindrücken des vorangegangenen Lebens stehen. Wenn sich der Yogin nun Eindrücke in der Meditation vergegenwärtigt, so kennt er ihre Verbindung zu denen aus früheren Leben und wird fähig, sein vergangenes Leben in gewisser Hinsicht zu rekonstruieren. Wie man sich das Entstehen eines derartigen Ergebnisses der Meditation vorstellte, ist deutlich geworden als die logische Folgerung der Verbindung von Lehre und praktischer Erfahrung.

Ob solche Wunderkräfte eine Entsprechung in der Wirklichkeit besitzen, ist im Yogasūtra unwichtig, da es hier einzig um die Unabhängigkeit des Bewußtseins geht, die ja gerade von solchen Erlebnissen behindert wird (YS 3.37). Zudem läßt Patañjali offen, was genau das Wissen um die früheren Geburten bedeutet. Es ist nicht einzusehen, daß dies einen biographischen Charakter haben sollte. Möglich ist auch, daß Patañjali damit vor allem das Wissen meinte, das darin besteht, daß der Yogin seine Situation im gegenwärtigen Leben auf die Werke der vergangenen zurückführen kann. Wenn das der Fall ist, so hätte das »Wissen um frühere Geburten« also weniger den Charakter einer Zauberkraft, sondern wäre als verstehende Vergegenwärtigung im Sinne dieses Lehrsatzes zu betrachten. Die Kommentatoren führen die Sätze Patañjalis über die Wunderkräfte interessanterweise kaum aus. Die Wunderkräfte scheinen einer Zeit anzugehören, in der magische Vorstellungen im Vordergrund menschlichen Strebens lagen, die aber für die Vertreter des klassischen Yoga nicht mehr relevant waren, zumal diese Kräfte den Yogin eigentlich behindern.

Wenn auch die yogischen Wunderkräfte im klassischen Yoga für die eigentlich erstrebte Erlösung vordergründig keine Rolle spielen, ergeben sich aus ihnen weitere Übungen insofern, als der Schüler ihre Erfahrung als angenehm empfindet und lernen muß, auch sie zu zügeln, da sie ihn abermals mit neuen Eindrücken belasten. Der Kommentator Vyāsa vertritt die Meinung, daß die Kräfte auf den Erlösungsvorgang hemmend wirken, weil sie vom eigentlichen Weg ablenken. Gleichzeitig ergibt sich mit den besonderen Kräften aus den Übungen eine Prüfung für den Yogin. Nur derjenige kommt ans Ziel, der in jeder Hinsicht vollkommene Leidenschaftslosigkeit erreicht und alle Werke unterdrückt hat. Das bedeutet auch, daß er auf alle Vorteile, die aus dem Gelingen der beherrschenden Konzentration resultieren, leidenschaftslos verzichten muß.

Die keimlose Konzentration

Jeder Meditationstypus, den das Yogasūtra schildert, führt zur endgültigen Unabhängigkeit hin, weil der Yogin durch die Meditation die Erkenntnis vom Unterschied zwischen Selbst und dem fast gänzlich von Eindrücken gereinigten Bewußtsein gewonnen hat (YS 1.20, 48; 3.52–54). Solange im Bewußtsein des Yogin aber noch ein Rest eines Eindrucks wirkt, wird von ihm eine neue Bewußtseinstätigkeit, zumindest aber eine Erinnerung ausgelöst. Verblieben ist in diesem Stadium des Yoga-Weges der Eindruck aus der Erkenntnis bzw. der Wahrheit über das Selbst und die reinste Form der Natur, der Güte. Sogar den muß der Yogin unterdrücken, denn auch er wird wiederum eine störende Bewußtseinstätigkeit bewirken. Bis sie nicht allesamt unterdrückt sind, ist der Seher, das Selbst, noch nicht vollkommen freigelegt, denn er blickt immer noch auf das Objekt, mit dem die Bewußtseinstätigkeit beschäftigt ist.

Durch die »Konzentration mit Keim« hat der Yogin sein Bewußtsein mit Wissen erfüllt und damit den Bestandteil

Güte, der für das Licht der Erhellung verantwortlich ist, gegenüber den beiden anderen Bestandteilen der Natur gefördert. Allein der letzte verbliebene Eindruck, der paradoxerweise gerade dem Wissen entspringt, muß nun noch getilgt werden, da mit ihm die beiden anderen Bestandteile der Natur verbunden sind, die das reine »Güte-Wesen« des Bewußtseins noch verhindern. Wenn das geschehen ist, wird der Yogin keinen Unterschied mehr zwischen dem Selbst und seinem vollständig rein gewordenen Bewußtsein erkennen, denn in dem Augenblick sind sie eins geworden.

Der alte Dualismus von Selbst und Natur als Bewußtsein erweist sich hier als ein pragmatischer. Die letzte Anstrengung besteht für den Yogin darin, diese noch verbleibenden Eindrücke auszulöschen. Dabei verfährt er genauso wie bei der Schwächung der Befleckungen (YS 4.27–28): Er schwächt die Intensität des Eindrucks, so daß er am Ende nicht einmal mehr an dem Wissen über das Selbst oder an der Suche nach ihm Interesse nimmt. In diesem Moment ist auch der letzte Eindruck vernichtet und jede Bewußtseinstätigkeit unterdrückt. Jetzt ist der Seher frei, das Selbst tritt hervor als das, was schon immer im Bewußtsein vorhanden war.

Unabhängigkeit

Nachdem Patañjali – wohl in Widerlegung anderer Meinungen – die Realität der Außenwelt bestätigt hat, faßt er noch einmal die höchste Erkenntnis zusammen, die Ziel aller Übungen des Yoga ist. Wenn das Bewußtsein in steter Übung alle Keime vernichtet hat, ist es bereits nahe an der letzten Erkenntnis angelangt. Nun muß es sich noch von den letzten Inhalten befreien, die aus Eindrücken resultieren. Dazu gehört das Interesse an der Erlangung der Einsicht, die noch ichbezogen ist. Wenn auch dieses getilgt ist, wird die höchste Stufe der Konzentration möglich, die

»Wolke der Eigenschaften«, in der sich alle Eigenschaften auflösen (YS 4.29). Wenn sie gelingt, sind alle Befleckungen, Werke und daraus resultierenden Eindrücke getilgt (YS 4.30). Damit erlangt der Yogin dauerhaftes, unendliches Wissen. Auf dieser Stufe erkennt er zugleich, daß er bereits seinem Ziel nahe ist (YS 4.31). Nun kommen auch noch die Bestandteile, letzte Ursache aller Bewegung im Bewußtsein, zur Ruhe. Da die Bestandteile in ihrem Widerstreit Bewegung und damit Veränderungen in der Zeit sind, produzieren sie letztlich die Zeit. Wenn der absolute Stillstand erreicht ist, steht auch die Zeit still. In dem Moment ist die gesamte empirische Bewußtseinstätigkeit zur Ruhe gekommen (YS 4.32–34).

Nachdem das empirische Bewußtsein jede Unterscheidung in sich selbst aufgehoben hat, also auch empirisches Subjekt und Objekt zusammengefallen sind, hat es sich selbst zum durchsichtigen Objekt gemacht, auf das nun die Bewußtheit, wie hier Seher oder Selbst genannt werden, ihr reines Sehen richtet. Der Text sagt dazu: »Die Fähigkeit der Bewußtheit steht in ihrer Eigengestalt fest.« (YS 4.34) Während die Bewußtheit vorher die Tätigkeit des Bewußtseins betrachtete, sieht sie dieses nun als in sich identischen, von Inhalten freien Gegenstand, der einerseits zwar von sich verschieden, andererseits aber auch mit sich gleich ist. Im Ergebnis ist sich die Bewußtheit ihrer selbst bewußt. Am Ziel des Weges angelangt, hat das empirische Bewußtsein seine Aufgabe erfüllt, indem es zum Stillstand gekommen ist und dadurch seinem nichtempirischen Kern die Selbstvergewisserung ermöglicht hat. Das empirische Bewußtsein hat damit das Vermögen der Bewußtheit, welches es zuvor nicht von seinem eigenen unterschieden hatte, unabhängig gemacht, so daß es nun seine Fähigkeit ungehindert entfalten kann.

Alle früheren Dreiheiten (Subjekt, Objekt, Akt) waren in sich bewegte und unterschiedene Verhältnisse. Im Selbstbewußtsein bilden sie nun eine unauflösliche Identität: Das empirische Bewußtsein ist identisch mit seiner Bewußtheit – dem reinen Bewußtsein oder Seher – geworden. So schaut es rein und ungetrübt von seinen empirischen Inhalten auf die Welt, ohne ihr jedoch noch verhaftet zu sein.

3. Das Yogasūtra des Patañjali

Übersetzung der Originalquelle aus dem Sanskrit

Buch 1: Über die unterdrückende Konzentration

(1.1) Nun die Unterweisung im Yoga:

(1.2) Yoga ist die Unterdrückung der Bewußtseinstätigkeiten. (1.3) Danach weilt der Seher in [seiner] eigenen Gestalt, (1.4) andernfalls hat er die gleiche Gestalt wie eine [Bewußtseins-]Tätigkeit.

(1.5) Fünf [Bewußtseins-]Tätigkeiten gibt es, sie können befleckt[9] [oder] nicht befleckt sein: (1.6) [Erkenntnis durch] Erkenntnismittel, Irrtum, Einbildung, Schlaf, Erinnerung. (1.7) Wahrnehmung, Schlußfolgerung, glaubwürdige Überlieferung sind die Erkenntnismittel. (1.8) Irrtum ist falsches Wissen, das nicht auf der [richtigen] Vorgehensweise basiert [also nicht auf Wahrnehmung, Schlußfolgerung oder glaubwürdiger Überlieferung]. (1.9) Einbildung ist etwas, das aufgrund eines [vermeintlichen] Wissens durch eine Bezeichnung zustandekommt, ohne [daß ihr aber tatsächlich ein] Ding [entspräche]. (1.10) Der Schlaf ist eine [Bewußtseins-]Tätigkeit, die an einer Vorstellung hängt, die [wiederum] auf etwas Nichtvorhandenem [aufbaut]. (1.11) Erinnerung [tritt dann ein], wenn [sich das Bewußtsein noch] nicht [vollständig] losgerissen hat von einem vorher einmal erlebten Objekt.

(1.12) Durch anhaltende Beschäftigung und durch Leidenschaftslosigkeit [gelingt] ihre Unterdrückung. (1.13) Dabei ist Bemühung um Beständigkeit anhaltende Beschäftigung. (1.14) Sie aber hat [erst dann] eine feste Grundlage, wenn ihr lange Zeit, ohne Unterbrechung, in Ehrerbietung nachgegangen wurde. (1.15) Leidenschaftslosigkeit[10] ist das umfassende Wissen über die Macht [des eigenen Bewußtseins], das einem solchen zukommt, der nicht [mehr] nach wahrnehmbaren Objekten und solchen, die auf der Überlieferung beruhen, dürstet. (1.16) Ihre höchste [Stufe] ist der aus der Schau des Selbst entstandene Zustand des

Nichtdürstens nach den [Drei] Bestandteilen [Güte, Leidenschaft und Finsternis].

(1.17) Wenn [das Meditationsobjekt] durch Nachdenken, Überlegen, durch Freude, durch Ich-bin-heit Gestalt annimmt, ist [die Unterdrückung] »erkenntnishaft«. (1.18) Eine andere [geht auf] den Rest [im Bewußtsein, nachdem die Vorstellungen aufgelöst sind] in Form eines [Bewußtseins-]Eindrucks. Grundlage dafür ist anhaltende Beschäftigung mit der Vorstellung vom Aufhören [der Bewußtseinstätigkeiten]. (1.19) Die [Unterdrückung, die der] Vorstellung des Seins [entspringt], ist für die Körperlosen [Götter], die in die Natur Verschwundenen. (1.20) Gegründet auf Vertrauen, Kraft, Erinnerung, unterdrückende Konzentration, Erkenntnis ist [die Unterdrückung] für die anderen [nämlich die Yogins].

(1.21) Denen, die sich mit aller Entschlossenheit [diesem Ziele widmen], steht [die Unterdrückung] nahe bevor. (1.22) Weil [auch Entschlossenheit noch] sanft, mittelmäßig, übermäßig sein kann, gibt es von daher auch einen Unterschied [wie nahe an der Unterdrückung der einzelne ist].

(1.23) Oder aus Hingabe an die göttliche Macht [gelingt die Unterdrückung]. (1.24) Unvermischt mit Befleckungen,[11] Werken, [ihrem] Reifen, [ihren] Niederschlägen, [unvermischt] mit anderem, ein besonderes Selbst ist die göttliche Macht. (1.25) In ihr ist der Keim der Allwissenheit unübertroffen. (1.26) Auch für die Früheren war sie Lehrer, weil sie nicht durch die Zeit begrenzt ist. (1.27) Ihre wörtliche Darstellung ist »Praṇava«.[12] (1.28) Das [Wort soll der Yogin] murmeln [und sich dadurch] dessen Inhalt vergegenwärtigen. (1.29) Daraus [öffnet sich] auch der Zugang zu dem im Inneren befindlichen Geistigen, und die Hindernisse sind nicht [mehr].

(1.30) Krankheit, Gleichgültigkeit, Zweifel, Verwirrtheit, Trägheit, Nichtenthaltsamkeit, schwankende Ansichten, Nichterreichen der [Meditations-]Stufen, Unbeständigkeit sind Bewußtseinszerstreuungen – das sind Hindernisse. (1.31) Leid, Niedergeschlagenheit, Gliederzittern, [heftiges, unregelmäßiges] Einatmen [und] Ausatmen[13] sind Begleiterscheinungen der Zerstreuungen. (1.32) Um sie abzuwehren, muß [der Yogin] sich anhaltend damit beschäftigen, sein [Bewußtsein] auf eine Wesenheit zu richten.

(1.33) Indem einer Liebe, Mitleid, Heiterkeit, Gleichmut [der Reihenfolge entsprechend] gegenüber den Bereichen Glück, Leid, Verdienst, Schuld fördert, kann er sein Bewußtsein beruhigen; (1.34) oder indem er den Atem ausstößt und anhält; (1.35) oder wenn eine [Bewußtseins-] Tätigkeit aufkommt, die auf ein [bestimmtes] Objekt gerichtet ist [und] das Denkvermögen an Beständigkeit bindet, (1.36) oder [eine Bewußtseinstätigkeit], die kummerlos ist [und] glänzt;[14] (1.37) oder [wenn] ein Bewußtsein [aufkommt], das auf ein Objekt gerichtet ist, von dem aber keine Leidenschaft ausgeht; (1.38) oder eines, das an Wissen aus einem Traum und aus dem Schlaf hängt; (1.39) oder aus Versenkung in etwas Angenehmes [entsteht die Bindung des Denkvermögens an die Beständigkeit]. (1.40) Der [Yogin] hat Macht[15] [über alles]: vom unendlich kleinen Teil bis zur größten Größe.

(1.41) [Wenn das Bewußtsein dabei nur auf das Objekt fixiert ist, und] wenn seine Tätigkeit geschwunden ist, [entsteht] – gleichsam wie bei einem edlen Juwel [in dem sich die um ihn liegenden Dinge spiegeln, und es scheinbar eins mit ihnen ist] – eine identifizierende Konzentration auf den Erfasser, auf das Erfassen, auf den Erfaßbaren, als wäre es [das Bewußtsein] eingesalbt mit dem, worauf es gerichtet ist. (1.42) Wenn dabei die identifizierende Konzentration vermischt ist mit Einbildungen, [hervorgerufen] durch die Bezeichnung [eines groben Objekts], mit [seinem] Inhalt [und] mit dem Wissen [darüber, heißt es] »mit Nachdenken«. (1.43) [Es heißt] »ohne Nachdenken«, wenn es durch den Inhalt [des Objekts] allein glänzt, gleichsam bar der Eigengestalt, weil die Erinnerung rundherum [von allem anderen] rein ist.[16] (1.44) Entsprechend nun ist [auch] die [identifizierende Konzentration genannt] »mit Überlegen« und die »ohne Überlegen« [zu verstehen mit dem Unterschied, daß sie sich in diesem Fall] auf die feinen Objekte bezieht. (1.45) Und [die Gruppe der] feinen Objekte [umfaßt alles bis hin] zum Merkmallosen [der Urnatur].[17] (1.46) Diese [Arten der identifizierenden Konzentration] nun sind die »unterdrückende Konzentration mit Keim«. (1.47) Wenn [der Yogin in der identifizierenden Konzentration] ohne Überlegen erfahren ist, [entsteht] die das Selbst betreffende Reinheit.

(1.48) In ihr liegt die wahrheitstragende Erkenntnis. (1.49) Sie [zielt auf] ein anderes Objekt als die Erkenntnis, die aus Überlieferung und Schlußfolgerung herrührt, weil sie einen besonderen Zweck hat. (1.50) Der daraus geborene Eindruck unterbindet andere Eindrücke. (1.51) Wenn auch er unterdrückt wird, entsteht daraus, daß alles unterdrückt ist, die »keimlose unterdrückende Konzentration«.

Buch 2: Über das Ausführen

(2.1) Askese, Studium, Hingabe an die göttliche Macht ist der Yoga der Handlung (2.2) mit dem Zweck, die unterdrückende Konzentration zu fördern und die Befleckungen zu schwächen.

(2.3) Unwissenheit, Ich-bin-heit, Leidenschaft, Abneigung, Lebenswille sind die Befleckungen. (2.4) Unwissenheit ist das Feld für die folgenden [Befleckungen], die [fein], schlummernd, schwach, gespalten [oder] stark sind. (2.5) Im Endlichen, im Unlauteren, im Leid, im Uneigentlichen das Unendliche, das Lautere, das Glück, das Eigentliche zu schauen, ist Unwissenheit. (2.6) Wenn für die Fähigkeit dessen, der da sieht, und für die der Sicht eine einzige Eigenheit angenommen wird, ist das Ich-bin-heit. (2.7) Leidenschaft hängt am Glück, (2.8) Abneigung hängt am Leid. (2.9) Der Lebenswille strömt kraft seiner selbst, sogar im Weisen gedeiht er. (2.10) Wenn man [die Beflekkungen] fein gemacht hat, muß man ihnen entfliehen, indem man sie in umgekehrter Reihenfolge wieder ineinander eingehen läßt; (2.11) durch Versenkung muß man ihren Tätigkeiten entfliehen.

(2.12) Der Niederschlag von Werken [der Freude oder Qualen schafft, je nachdem, wie es die Qualität der Werke vorgibt] hat seine Wurzel in den Befleckungen; er ist in einer wahrgenommenen Geburt [nämlich im gegenwärtigen Leben] und in einer [noch] nicht wahrgenommenen [nämlich in einem zukünftigen Leben] zu empfinden. (2.13) Solange es eine Wurzel gibt, wird daraus etwas reifen: Geburt, Lebensdauer, Welterfahrung. (2.14) Sie [wiederum] fruchten in Freude oder Qualen, was sich entweder auf Verdienst oder Schuld gründet.

(2.15) Wegen der Leiden, die von Veränderungen [indem das Erlangen eines Objekts der Begierde neue Begierde schafft], von [physischen und psychischen] Qualen [und von den daraus resultierenden] Eindrücken [herrühren], und wegen des Widerstreits der Tätigkeiten der Bestandteile [aus denen sich das Bewußtsein zusammensetzt], ist für den Unterscheidungsfähigen eben alles Leid.

(2.16) Zukünftigem Leid muß man entfliehen.

(2.17) Die Verbindung von Seher und Sichtbarem ist der Grund für das [Leid], dem man entfliehen muß.

(2.18) In der Wesensart des Sichtbaren liegt Erhellung, Handlung und Beständigkeit. Zu eigen sind [ihm] Elemente und Sinnesvermögen. Sein Zweck ist die Welterfahrung und die Befreiung. (2.19) Die Besonderen [nämlich die Elemente Luftraum, Wind, Feuer, Wasser und Erde], die Nichtbesonderen [nämlich die Reinstoffe Laut, Berührung, Gestalt, Geschmack und Geruch], das nur mit Merkmalen [das Seelenmerkmal], das ohne Merkmale [die Urnatur][18] bilden die Unterteilungen der Bestandteile.[19]

(2.20) Der Seher ist bloßes Sehen: Obwohl er rein ist, blickt er auf die Vorstellung [des Bewußtseins].

(2.21) Zu seinem [des Sehers] Zweck allein existiert das dem Sichtbaren Eigene. (2.22) Wenn es seinen Zweck erfüllt hat, ist es, obwohl es [einerseits] verschwunden ist, [andererseits wiederum] nicht verschwunden, weil es den anderen gemein ist [die noch nicht erlöst sind]. (2.23) Der Grund dafür, daß die Eigengestalten der Fähigkeiten von Eigenem und von Eigner in Erfahrung gebracht werden können, ist [deren] Verbindung, (2.24) Grund dafür ist die Unwissenheit. (2.25) Wenn [sie] nicht mehr vorhanden ist, ist auch die Verbindung [von Seher und Sichtbaren] nicht mehr vorhanden. Das Entfliehen [bedeutet] Unabhängigkeit für das Sehen.

(2.26) Unterscheidende, unbeirrte Schau, ist das Mittel zum Entfliehen. (2.27) Siebenfach ist hierbei die Erkenntnis, die zur höchsten Stufe führt.[20]

(2.28) Wenn [der Yogin] die Glieder des Yoga befolgt hat und dadurch die Unreinheit geschwunden ist,[21] strahlt das Wissen bis hin zur Unterscheidungsschau. (2.29) Sittlichkeit, Selbstzucht, Sitzhaltungen, Atemzügelung, Zurückziehen [der Sinnesvermögen], Festhalten, Versenkung, unterdrückende Konzentration sind die acht Glieder.

(2.30) Sittlichkeit [beinhaltet] Gewaltlosigkeit, Wahrhaftigkeit, Nichtstehlen, Enthaltsamkeit, Besitzlosigkeit. (2.31) Sie gelten ohne Ansehen von Geburt, Ort, Zeit, Verpflichtungen, sie sind allgemeingültig, sie sind ein großes Gelübde.

(2.32) Lauterkeit, Zufriedenheit, Askese, Studium, Hingabe an die göttliche Macht [beinhaltet] die Selbstzucht.

(2.33) Wenn [den Yogin] ein Zweifel [an der Lehre und den damit verbundenen Regeln] peinigt, [soll er sich] die Gegenseite vergegenwärtigen [die ihm zeigt, was es bedeutet, wenn er dem Zweifel nachgibt und sich von den Regeln abwendet]. (2.34) Zweifel fangen mit Gewalt an; sie sind [entweder vom Yogin selbst] gemacht, [von ihm] veranlaßt [oder von ihm] gebilligt; sie gründen sich auf Gier, Zorn,

Verwirrung; sie sind leicht, mittel, schwerwiegend; sie fruchten in der Unendlichkeit von Leid und Unwissen: [Zu diesem Schluß kommt der Yogin, wenn] er sich die Gegenseite vergegenwärtigt.

(2.35) Wenn einer in der Gewaltlosigkeit feststeht, wird in seiner Anwesenheit Feindschaft aufgegeben. (2.36) Wenn einer in der Wahrhaftigkeit feststeht, stützt sich [ihre] Frucht [unmittelbar] auf die Handlung. (2.37) Wenn einer im Nichtstehlen feststeht, treten alle Edelsteine an ihn heran. (2.38) Wenn er in Enthaltsamkeit feststeht, erlangt er Kraft. (2.39) Festigkeit in der Besitzlosigkeit [bewirkt] Verständnis von den Arten der Geburten. (2.40) Aus der Lauterkeit [entsteht] der Wunsch, die eigenen Glieder zu schützen und sie nicht mit anderen zu vereinigen, (2.41) und Reinheit der Güte, innere Zufriedenheit, Auf-eins-Gerichtetsein, Sieg über die Sinnesvermögen, Befähigung zur Sicht des Eigentlichen. (2.42) Aus Zufriedenheit [entsteht] Erlangen höchsten Glücks, (2.43) Vollkommenheit des Körpers und der Sinnesvermögen aus dem Schwinden der Unreinheit, [die wiederum] aus Askese, (2.44) aus dem Studium eine lohnende Verbindung mit der gewünschten Gottheit, (2.45) Vollkommenheit der unterdrückenden Konzentration aus der Hingabe an die göttliche Macht.

(2.46) Feste angenehme Sitzhaltung (2.47) [entsteht] aus der Lockerung der Anspannung und aus der identifizierenden Konzentration auf die Unendlichkeit. (2.48) Danach wird [der Yogin] von Extremen [wie Hitze und Kälte] nicht mehr angegriffen.

(2.49) Wenn einer sich in einer [solchen Körperhaltung] befindet und den Gang von Einatmen und Ausatmen abschneidet, ist das Zügelung der Atemströme. (2.50) Die Tätigkeit ist eine äußere, eine innere [oder] eine angehaltene; in Hinblick auf Ort, Zeit, Zählungen wird sie überwacht, sie ist lang [und] fein. (2.51) Die über den äußeren und inneren Bereich hinausgeht, ist die vierte. (2.52) Von da an wird das die Erhellung Hemmende vermindert,

(2.53) und das Denkvermögen wird fähig für das Festhalten[22] [das sechste Glied der acht].

(2.54) Wenn die Verbindung [der Sinnesvermögen] mit ihrem Objekt aufgehoben wird, gleichsam, als würden sie die Eigengestalt des Bewußtseins nachahmen, ist das Zurückziehen [der Sinnesvermögen]. (2.55) Daraus entsteht höchste Fügsamkeit der Sinnesvermögen.

Buch 3: ÜBER DIE MACHTÄUSSERUNG

(3.1) Die Bindung des Bewußtseins an einen Ort ist Festhalten.[23]

(3.2) Die [zeitliche] Ausdehnung einer einzigen Vorstellung diesbezüglich ist Versenkung.

(3.3) Die nun ist, wenn sie gleichsam bar der Eigengestalt ist und nur mehr den Inhalt [des Objekts] glänzen läßt, die unterdrückende Konzentration.

(3.4) Wenn diese drei [Glieder] auf ein [Objekt gerichtet sind], ist das beherrschende Konzentration. (3.5) Aus deren Meisterung entsteht das Licht der Erkenntnis. (3.6) Ihre Anwendung vollzieht sich in Stufen. (3.7) Die Dreiheit ist das innere Glied im Gegensatz zu den vorher genannten, (3.8) selbst sie [aber] ist ein äußeres Glied in bezug auf die keimlose [unterdrückende Konzentration].[24] (3.9) Wenn die Eindrücke aus dem Auftauchen aus der unterdrückenden Konzentration unsichtbar und die Eindrücke aus der Unterdrückung sichtbar werden, heißt die Zusammengehörigkeit [dieser beiden Zustände] des Bewußtseins im Moment der Unterdrückung »Veränderung, die aus der Unterdrückung folgt«. (3.10) [Das Bewußtsein] fließt ruhig dahin wegen des Eindrucks. (3.11) Wenn der [Zustand] geschwunden ist, daß [sich das Bewußtsein auf] Vielfältiges richtet, und der aufgetreten ist, daß [sich das Bewußtsein nur] auf eines richtet, heißt das die »Veränderung, die aus der unterdrückenden Konzentration folgt«. (3.12) Von daher wieder [entsteht] – wenn die im Bewußtsein ruhenden und die aufgetretenen Vorstellungen die gleichen sind – die »Veränderung des Bewußtseins, die aus dem Auf-eins-Gerichtetsein folgt«. (3.13) In bezug auf die Elemente und Sinnesvermögen sind die Veränderungen ihrer Eigenschaften, ihrer Kennzeichen [und] ihrer Zustände [damit] erklärt worden. (3.14) Träger der Eigenschaften ist die Folge von ruhenden, aufgetretenen [und noch] nicht zu bezeichnenden Eigenschaften. (3.15) Die Andersartigkeit der Abfolge ist der Grund für die Andersartigkeit der Veränderungen [des Bewußtseins].

(3.16) Aus der beherrschenden Konzentration auf die drei Veränderungen [entsteht] Wissen über Vergangenes und Zukünftiges. (3.17) Weil Bezeichnung, Inhalt, Vorstellung [eines Objekts] aufeinander aufsitzen, werden sie vermischt. Aus der beherrschenden Konzentration auf ihre Trennung [entsteht] Wissen um die Stimmen aller Lebewesen. (3.18) Indem einer sich die Eindrücke vor Augen führt, [entsteht] Wissen um die früheren Geburten, (3.19) [indem einer sich] eine Vorstellung [vor Augen führt, entsteht] Wissen um das Bewußtsein eines anderen, (3.20) nicht aber das [Wissen] darum, woran [die Vorstellung] hängt, weil das nicht Objekt [des Bewußtseins] geworden ist. (3.21) Aus der beherrschenden Konzentration auf die Gestalt des Körpers [entsteht], weil die Fähigkeit, erfaßt zu werden, anhält, Unsichtbarkeit, wegen der Aufhebung der Bindung von Auge und Licht. (3.22) Ein Werk schreitet [in seinem Reifen schnell] voran [oder] schreitet nicht [schnell] voran;[25] aus der beherrschenden Konzentration darauf [entsteht] Wissen vom letzten Ende, oder [es entsteht] aus den [Todes-]Vorzeichen.[26] (3.23) [Aus der beherrschenden Konzentration] auf [die Gefühle] angefangen bei Liebe [Mitleid, Heiterkeit und Gleichmut entstehen] Stärken, (3.24) auf die Stärken [entstehen] die Stärke eines Elefanten und weiteres. (3.25) Wenn das Licht einer [Bewußtseins-]Tätigkeit [auf ein Objekt] geworfen wird, [entsteht] Wissen um das Feine, das Verborgene, das Entfernte. (3.26) Wissen um die Welten [entsteht] aus der beherrschenden Konzentration auf die Sonne; (3.27) auf den Mond, das Wissen um die Ordnung der Gestirne; (3.28) auf den Läufer (den Polarstern) das Wissen um deren Gang; (3.29) auf den Nabelkreis das Wissen um die Ordnung des Körpers; (3.30) auf die Halsgrube das Aufhören der Tätigkeit von Hunger und Durst; (3.31) auf die Schildkrötenröhre[27] Festigkeit; (3.32) auf den Glanz im Kopf die Sicht der Vollkommenen. (3.33) Oder im plötzlichen Aufscheinen [entsteht Kenntnis] von allem. (3.34) [Aus der beherrschenden Konzentration] auf das Herz [entsteht] Klarheit des Bewußtseins.

(3.35) Welterfahrung ist das Nichtunterscheiden der Vorstellung von Güte und Selbst, die ständig unvermischt sind. Aus der beherrschenden Konzentration auf das, das einen Selbstzweck hat, das anders ist als die [Güte], deren Zweck in einem anderen [liegt, entsteht] Wissen um das Selbst.

(3.36) Von daher entstehen plötzliches Aufscheinen [und] solche [Vermögen], die überaus gut hören, empfinden, sehen, schmecken, riechen lassen. (3.37) Sie sind in der unterdrückenden Konzentration Hemmnisse; beim Auftauchen aus der unterdrückenden Konzentration sind sie Vollkommenheiten.

(3.38) Aus der Lockerung der Ursachen für die Bindung und aus der Kenntnis der Wege [des Bewußtseins] kann das Bewußtsein in den Körper eines anderen eingehen. (3.39) Aus dem Sieg über den Aufhauch[28] [entsteht] das Nichtanhaften an Wasser, Schmutz, Dornen und weiteres, und das Aufsteigen [beim Tode].[29] (3.40) Aus dem Sieg über den Hauch, der den ganzen Körper durchdringt, entsteht ein Flammen.[30] (3.41) Aus der beherrschenden Konzentration auf die Verbindung zwischen Hören und Luftraum [entsteht] göttliches Gehör. (3.42) Aus der beherrschenden Konzentration auf die Verbindung zwischen Körper und Luftraum [und] durch die identifizierende Konzentration auf Leichtigkeit wie Baumwolle [entsteht] die Fähigkeit, durch den Luftraum zu gehen. (3.43) Eine äußere, nicht auf etwas ausgerichtete [Bewußtseins-]Tätigkeit ist die »Große Körperlose«; [durch die beherrschende Konzentration] darauf schwinden die Verhüllungen der Erhellung. (3.44) Aus der beherrschenden Konzentration auf die Groben [Elemente], [ihre] Eigengestalt, die Feinen [Reinstoffe], [ihre] Zusammengehörigkeit, [ihre] Zweckmäßigkeit [entsteht] Sieg über die Elemente. (3.45) Dann stellen sich Fähigkeiten ein, wie [die], sich in Atome aufzulösen,[31] Vollendung des Körpers und der Zustand, daß [der Yogin] von ihren [der Elemente] Eigenschaften[32] nicht mehr angegriffen wird. (3.46) Wohlgestalt, Anmut, Stärke, Härte [wie die] eines Donnerkeils ist Vollendung des Körpers. (3.47) Aus der beherrschenden Konzentration auf das Erfassen, die Eigengestalt, die Ich-bin-heit, [ihre] Zusammengehörigkeit, [ihre] Zweckmäßigkeit [entsteht] Sieg über die Sinnesvermögen. (3.48) Daraus [entsteht] dem Denkvermögen entsprechende Schnelligkeit, die Wirksamkeit der Sinnesvermögen ohne die Vermittlung des Körpers[33] und Sieg über die Voraussetzung [die Urnatur]. (3.49) Nur einer, der die Andersartigkeit von Güte und Selbst schaut, steht über jeder Seinsweise und ist allwissend.

(3.50) Aus der Leidenschaftslosigkeit sogar in bezug auf dies [alles entsteht] Unabhängigkeit, wenn der Keim der Fehler geschwunden ist.[34] (3.51) Wenn einer von solchen eingeladen wird, die einen [hohen] Rang haben,[35] soll das nicht Anhaften [oder] Stolz bewirken, weil er dann erneut an Unerwünschtem anhaftet.

(3.52) Aus der beherrschenden Konzentration auf die Momente und [ihre] Abfolge [entsteht] das aus der Unterscheidung geborene Wissen. (3.53) Von daher [entsteht] Einsicht in zwei gleiche [Dinge], die durch Geburt, Kennzeichen, Ort nicht voneinander abgegrenzt sind.[36]

(3.54) Retter ist das aus der Unterscheidung geborene Wissen. Es umfaßt alle Objekte, es hat alle Zeiten zum Objekt, und es ist ohne Abfolge [der Momente].[37]

(3.55) Wenn die Reinheit der Güte derjenigen des Selbst gleich geworden ist, [dann ist] Unabhängigkeit [gegeben].

Buch 4: ÜBER DIE UNABHÄNGIGKEIT

(4.1) Der Geburt, den Heilkräutern, den Zaubersprüchen, der Askese, der unterdrückenden Konzentration entstammen die Vollkommenheiten.[38]

(4.2) Die Veränderung in eine andere Geburt [entsteht] aus dem Auffüllen mit Natur.[39] (4.3) Die Wirkursache ist nicht Urheber [dieses Auffüllens] mit Naturen,[40] sondern die, welche die Dämme bricht, von daher ist [sie] wie ein Feldarbeiter.[41] (4.4) Die geschaffenen Bewußtseine [entstehen] aus bloßer Ich-bin-heit. (4.5) [Obwohl es] in einer Mannigfaltigkeit von Tätigkeiten auftritt, ist Urheber der vielen ein Bewußtsein.

(4.6) Von [den fünf Vollkommenheiten] ist [allein die] aus der Versenkung geborene die, die keinen Niederschlag [von Werken] hat [der Freude oder Qualen schafft, wie es die Qualität der Werke erfordert]. (4.7) »Nicht-weiß-nicht-schwarz« sind die Werke eines Yogin; dreierlei [nämlich »schwarz«, »weiß-schwarz« oder »weiß«] ist [das Werk] der anderen.

(4.8) Daher treten nur solche verschütteten Eindrücke hervor, die Folge des Reifens [dieser drei Arten von Werken sind]. (4.9) Es [besteht] ein unmittelbarer Zusammenhang zwischen verborgenen [Eindrücken], trotz der Unterschiede von Geburt, Ort [und] Zeit, weil Erinnerung und Eindrücke eine einzige Gestalt haben. (4.10) Und sie haben keinen Anfang, weil Wünsche unendlich lange bestehen. (4.11) Wenn sie nicht [mehr] sind, sind [auch] jene [Eindrücke] nicht [mehr], weil sie verbunden sind mit einem Grund [jeder Eindruck gründet sich auf einen Wunsch], einer Frucht [jeder Eindruck ist Ergebnis eines Wunsches]: dem, worauf sie sich stützen, dem, was an ihm hängt.

(4.12) Vergangenes und Zukünftiges gibt es in einer Eigengestalt, weil die Zeitstufen den Eigenschaften angehören.[42] (4.13) Sie [die Eigenschaften mit ihren Zeitstufen] sind entfaltet, fein, sie haben das Wesen der [Drei] Bestandteile [Güte, Leidenschaft und Finsternis].

(4.14) Aus einer einzelnen Veränderung [entsteht] das So-Sein eines Dinges. (4.15) [Auch] wenn das Ding gleich bleibt, [ergibt sich] – weil es mannigfaltige Bewußtseine gibt – für beide ein unterschiedlicher Weg. (4.16) Und nicht hängt ein Ding von einem einzigen Bewußtsein ab, [das Ding wäre in manchen Fällen, wenn dieses eine Bewußtsein krank oder verletzt ist] von ihm nicht abzumessen und damit zu begreifen, [obwohl das Ding aber doch existiert] – was wäre dann? (4.17) Ein Ding wird erkannt oder nicht erkannt dadurch, daß das Bewußtsein dessen Einfluß berücksichtigt [oder nicht]. (4.18) Bewußtseinstätigkeiten werden immer erkannt, weil ihr Herr, das Selbst, nicht der Veränderung [unterworfen ist]. (4.19) [Das Bewußtsein] wirft keinen Glanz auf sich selbst, weil es ein Sichtbares [Objekt] ist. (4.20) Beide [Bewußtsein als Subjekt und als Objekt] zur gleichen Zeit sind nicht zu bestimmen. (4.21) Wenn ein Bewußtsein für ein anderes sichtbar wäre, würde darüber hinaus ein Verstand am [nächsten] Verstand anhaften, und die Erinnerungen würden sich vermischen. (4.22) Die Bewußtheit, die unvermischt [mit Bewußtseinsobjekten] ist,[43] hat Kenntnis von ihrem eigenen Verstand, wenn [das Bewußtsein die] Form [des Verstandes] annimmt.

(4.23) Das Bewußtsein ist von Seher und Sichtbarem beeinflußt. [Daraus ergibt sich die Wahrnehmung] aller Inhalte.

(4.24) Obwohl von unzählbaren verschütteten Eindrükken gezeichnet, existiert es zum Zweck eines anderen, weil es Zusammenwirken veranlaßt. (4.25) Einer, der den Unterschied sieht, hört damit auf, die eigenen Seinsweisen zu fördern. (4.26) Dann [gelangt] das Bewußtsein hinunter zur Unterscheidung [und weiter] zur Unabhängigkeit. (4.27) [Nur] in seinen Zwischenräumen gibt es [noch] andere Vorstellungen, die von den Eindrücken [herrühren]. (4.28) [Der Yogin] entflieht ihnen ebenso, wie es für die Befleckungen gesagt ist. (4.29) Für einen, der nicht einmal [mehr] mit der hohen Stufe seiner Schau Wucher treibt, [indem er entsprechende Wunderkräfte fordert, entsteht dann] aus der Unterscheidungsschau die unterdrückende Konzentration, die »Wolke der Eigenschaften« genannt wird. (4.30) Von da an hören die Befleckungen und Werke auf, tätig zu sein. (4.31) Da [ist] im Verhältnis zur Unendlichkeit des Wissens, das von Verhüllungen und Unreinheiten befreit ist, das, was einer [noch] wissen muß, sehr wenig. (4.32) Wenn dann die Bestandteile ihren Zweck erfüllt haben, kommen die Abfolgen der Veränderungen zum Ende. (4.33) Die Beziehung zum Moment, die erfaßt wird als das letzte Ende der Veränderung, ist die Abfolge. (4.34) Wenn die Bestandteile ohne Zweck für das Selbst sind, gehen sie in umgekehrter Reihenfolge ineinander ein. Das ist Unabhängigkeit oder: Die Fähigkeit der Bewußtheit steht in ihrer Eigengestalt fest.

IV. Verschiedene Yogaformen

Das im Yogasutra beschriebene System wird klassischer Yoga oder Pātañjala-Yoga genannt, es beinhaltet die Bewußtseinslehre und drei Wege zur Selbstfindung. Der achtgliedrige Yoga oder *aṣṭāṅga-yoga* (diese Bezeichnung verwendet Patañjali selbst allerdings noch nicht) bildet einen der drei Wege. Der Yoga der Handlung oder Kriyāyoga – wie er im Yogasūtra heißt – dient dazu, die Konzentration zu fördern und die Befleckungen zu schwächen. Das Wort Yoga in seiner ursprünglichen Bedeutung »Joch, Übung« kann als letztes Glied eines Kompositums in jeder beliebigen Verbindung mit anderen Begriffen auftreten, wenn es um die Anstrengung zum Erreichen eines Zieles oder um ein geistiges Bestreben geht, die sich auf eine bestimmte Übung oder ein System von Übungen stützen, wie die Beispiele zeigen.

Schon aus älterer Zeit, vor der Kompilation des Yogasūtra, sind solche spezifischen Formen des Yoga bekannt, andere kommen später hinzu. Viele von ihnen sind entweder bereits im Yogasūtra angesprochen, oder aber sie stützen sich auf darin enthaltene Vorstellungen. Fünf bekanntere Arten des Yoga werden im folgenden kurz vorgestellt; ihre Techniken können hier nicht berücksichtigt werden, zumal sie auch von einer Schule zur anderen große Unterschiede aufweisen. Sie bilden keine umfassenden Systeme mehr wie der klassische, sondern haben einzelne Aspekte der Übungen weiterentwickelt. Das gilt in besonderem Maße für den Haṭhayoga, der hierzulande auf großes Interesse gestoßen ist.

1. Bhaktiyoga

Das Wort *bhakti* f. leitet sich ab von der Wurzel BHAJ (»als Teil empfangen, einer Sache teilhaftig werden, sich hingeben«). Bhakti

> bezeichnet nicht einen Glauben, sondern eine liebende, treue Verehrung und Hingabe, eine inbrünstige, persönliche Gewogenheit, eine tiefe affektionierte und mystische Ergebenheit, verbunden mit der Begierde, mit dem Objekt seiner Verehrung – einem persönlichen Gott, an dessen geistiges Wesen man glaubt – eins zu werden, oder richtiger, weil man überzeugt ist, wesentlicher Teil seines Wesens zu sein, die Einheit mit ihm zu verwirklichen.[1]

Der Bhaktiyoga ist der Yoga der Hingebung oder der gläubigen Liebe an eine persönliche Gottheit, durch den der Gläubige versucht, mit seinem Gott eins zu werden. Er wird besonders von Anhängern des Gottes Viṣṇu gepflegt, nicht zuletzt deshalb, weil man in der oben zitierten Bhagavadgītā ein Vorbild sah, in der Viṣṇu in seiner Inkarnation als Kṛṣṇa die verehrte Gottheit darstellt. Aber auch die Śivaiten haben ihren Bhaktiyoga, mit dem sie den Gott Śiva als Zentrum ihres Glaubens verehren.

Der Bhaktiyoga findet sich bereits im Yogasūtra des Patañjali behandelt, als »Hingabe an die göttliche Macht« im Rahmen der Unterdrückung oder unterdrückenden Konzentration und als Teil des Yoga der Handlung. Im Gegensatz zu dem von Patañjali beschriebenen Weg hängt nun aber die Erlösung aus dem Leiden der Welt nicht mehr in erster Linie von der vom Yogin selbst gewonnenen Erkenntnis über das Selbst ab, sondern vor allem vom Wohlwollen des Gottes. Dieses versucht der Bhakta, der Anhänger des Bhakti-Kultus, auf unterschiedliche Weise zu erlangen – durch Gottesdienst (*pūjā* f.), durch Askese, durch Konzentration auf die Gottheit, durch Opferhandlungen und sogar durch die hingebungsvolle Verehrung seines Lehrers, der manchmal mit dem verehrten Gott gleichgestellt oder sogar identisch mit ihm ist.

In der Konzentration kann der Bhakta das Wesen der Gottheit schauen: Macht, Recht, Würde, Herrlicheit, Glück, Wissen und Leidenschaftslosigkeit. Mit dieser Auflistung der göttlichen Eigenschaften scheint ein Meditationsweg vorgegeben zu sein, der an den der unterdrückenden Konzentration des Pātañjala-Yoga erinnert. Anhänger dieses Weges erreichen ihr Ziel nur, wenn sie sich einzig und allein auf ihre Gottheit fixieren. Auch hierin liegt wieder eine Parallele zum klassischen Yoga, bei dem das »Auf-eins-Gerichtetsein« eine entscheidende Rolle spielt.

2. Mantrayoga

Mantras sind Sprüche, insbesondere Zaubersprüche, mit denen bestimmte Wirkungen hervorgerufen werden können. Rituelle Handlungen werden seit vedischer Zeit bis auf den heutigen Tag von Mantras begleitet. Ursprünglich bildeten Sätze oder Abschnitte aus den vier Vedas die Zaubersprüche. Dann aber konnten auch jeder andere Spruch oder gar nur ein Wort aus heiligen Schriften zum Mantra werden. Ein Mantra, das aus einer einzigen Silbe besteht, heißt »Keim-Mantra« (*bījamantra* n.), ein besonders bekanntes Keim-Mantra ist die Silbe OM.

Die durch das Sprechen von Mantras erzielten Resultate können verschieden sein. Sie versetzen den, der sie ausspricht, in einen Trancezustand oder verhelfen ihm zur Erleuchtung; andere Mantras wehren Unheil ab, sei es von überirdischen Mächten oder durch Krankheit verursacht. Mantras werden entweder laut gesprochen oder leise gemurmelt, zudem meditiert der Übende über ihren Inhalt. Wer den Mantrayoga übt, sieht in ihnen vor allem Mittel, die dem Ziel der Erlösung dienen. In Verbindung mit der göttlichen Macht galt bereits für Patañjali das Murmeln des Wortes *praṇava* als förderlich.

In Verbindung mit dem Mantrayoga sei noch auf eine weitere Art hingewiesen, auf den Nādayoga. Das Wort *nāda* (m.) bedeutet ursprünglich »lauter Ton, Geschall, Dröhnen, Rauschen«. Es bezeichnet außerdem den nasalen Laut, der in der indischen Schrift durch einen Halbkreis dargestellt wird. Nāda kann identisch mit dem Wort *praṇava* sein oder einen inneren Klang im Körper des Meditierenden darstellen. Nāda und Luftraum gelten in musiktheoretischen Texten als Ursprung der Welt, sie allein bleiben übrig, wenn am Ende der Weltzeitalter alles ineinander fließt. Śivaiten sehen im Nāda eine lautliche Darstellung ihres Gottes mit seiner weiblichen Kraft, so daß sie ihm durch Meditation über den Klang des Nāda nahekommen können. Aber auch Anhänger des Gottes Viṣṇu glauben, in der Meditation über den Urklang ihre Gottheit zu erkennen.

3. Jñānayoga

Der Jñānayoga – »Yoga des Wissens« – spielt vor allem im śivaitischen Umkreis eine große Rolle. Hierzu gehört der um 700 lebende Denker Śaṅkara, der bereits als Autor eines Kommentars zum Yogasūtra bekannt ist. Er lehrte die Unwirklichkeit alles scheinbar Existierenden, wirklich sei dagegen nur das ewige Brahman, welches wiederum, ganz wie in der alten Tradition, identisch mit dem jedem Lebewesen innewohnenden Ātman sei. Die Befreiung aus dem Leiden der Welt gelingt durch das Wissen über diese Zusammenhänge.

Śaṅkara behält es dem »Wandernden, der sich von allem losgesagt hat« (*saṃnyāsin* m.) vor, das befreiende Wissen zu erlangen. Es wird ihm von einem Lehrer vermittelt, wobei er auf alles andere verzichtet:

> Wenn ein Schüler auf jegliches nichtewige, durch Mittel erstrebbare Ziel verzichtet hat, das Verlangen nach Söhnen, Besitz und Welten aufgegeben, und den Stand des *paramahaṃsaparivrajāka* [eine bestimmte Lebensform, in der einer herumwandert und keinen festen Wohnsitz hat] angenommen hat; wenn er Ruhe, Bezähmung, Mitleid usw. besitzt und mit den durch die heilige Lehre bekannten Schülertugenden begabt ist; wenn er [innerlich und äußerlich] rein, Brahmane ist und der Vorschrift gemäß seine Ehrerbietung erwiesen hat; wenn seine Kaste, seine Tätigkeit, sein Lebenswandel, seine Kenntnisse und seine Familienabstammung geprüft worden sind – dann soll man ihm das Wissen mitteilen und die Belehrung so oft wiederholen, bis es fest begriffen worden ist.[2]

Im Yogasūtra wird keine Einschränkung nach sozialen Gesichtspunkten getroffen.

4. Layayoga, Kuṇḍalinīyoga

Der Laya- oder Kuṇḍalinīyoga bezeichnet eine Erlösungspraktik innerhalb des Tantrismus. Mit Hilfe der Schlange Kuṇḍalinī, die im Körper der Lebewesen ruht, will der Yogin das »Verschwinden« (*laya* m.) des Selbst im Brahman, der kosmischen Macht, erreichen. Selbst und Brahman sollen verschmelzen wie Śiva und Śakti, seine weibliche Kraft, die hier durch die Schlange Kuṇḍalinī repräsentiert ist. Der Übende kann mit der Hilfe des Layayoga Götter, himmlische Kräfte, Himmel und Höllen, Wallfahrtsorte und Stätten der Verehrung sowie die kosmischen Mächte in seinem Körper zum Leben erwekken und sie sich dadurch nutzbar machen.

Nach tantrischer Auffassung sind die kosmischen Mächte identisch mit den sieben Kreisen (*cakra* n.) im menschlichen Körper, die entlang der Wirbelsäule an der Hauptader (*suṣumnā* f.) liegen. Am untersten Cakra (*mūlādhāra* n.), das zwischen Anus und Genitalien liegt, hat sich die Schlange Kuṇḍalinī aufgerollt und versperrt dadurch den Weg zum »Brahmantor«. Durch Atemzügelung, magische Gesten, Versenkungsübungen und durch das Murmeln von Mantras wird zunächst die Schlange aufgeweckt. Langsam bewegt sie sich dann vom untersten Cakra über das an der Basis des Zeugungsorgans (*svādhiṣṭhānacakra*), das an der Nabelgegend (*maṇipūracakra*), das in Herzhöhe (*anāhatacakra*), das an der Kehle (*viśuddhacakra*) und das zwischen den Augenbrauen (*ājñācakra*) bis hinauf zum obersten Cakra (*sahasrāracakra*), welches sich unterhalb der Fontanelle befindet. Hier endlich verbindet sich die Schlange als das weibliche Prinzip mit ihrem männlichen Gegenstück, wodurch alle Dualitäten aufgehoben sind. Das sechste Cakra zwischen den Augenbrauen beherbergt den Verstand, das Ichbewußtsein, das Denkvermögen und die Sinnesvermögen. Dieser Kreis ist der letzte, durch den die Schlange bricht, bevor sie sich mit ihrem männlichen Prinzip vereinigt. In diesem Stadium erlangt der Yogin das notwendige Wissen, bevor die Erlösung in Form der Vereinigung der beiden Kräfte stattfindet.

5. Haṭhayoga, Rājayoga

Vom Pātañjala-Yoga zu unterscheiden ist der Haṭhayoga, »der Yoga der gewaltsamen Anstrengung«, da er im Gegensatz zum Yoga, wie ihn Patañjali lehrt, nicht die Disziplinierung des Bewußtseins und die Wahrheit über das Selbst zum Zweck hat, sondern auf Körperreinigung und Körperbeherrschung abzielt.[3] Vermittels physischer Übungen, zum Teil äußerst schwieriger Körperhaltungen und Atemzügelungen, soll der Körper des Yogin so gestählt werden, daß er seine physischen Grenzen überwinden kann.

Aus den Texten zum Haṭhayoga geht hervor, daß die Übungen immer von einem Lehrer unterrichtet werden.[4] Die Umgebung für die Studien soll so beschaffen sein, daß keine Störungen zu erwarten sind, der Ort soll angenehm und schön sein, das Beschaffen von Lebensmitteln und Wasser soll keine Schwierigkeiten bereiten, auch wenn der Yogin sich in der Einsamkeit niederlassen muß. Für den Haṭhayoga eignen sich – man beachte die Umstände, unter denen der Yogin lebte! – nur die milden Jahreszeiten Frühling und Herbst. Der Yogin darf die Übungen nicht nach einem üppigen Mahl oder hungrig durchführen.

Im Gegensatz zum Yoga des Wissens braucht der Haṭhayogin seine Familie, seinen Beruf und seine gewohnte Umgebung nicht aufzugeben. Wie im Pātañjala-Yoga muß auch er sich an die Regeln der Sittlichkeit halten. Davon kennt der Haṭhayoga anstelle von fünf sogar zehn: Gewaltlosigkeit, Wahrhaftigkeit, Nichtstehlen, Enthaltsamkeit, Geduld, Ruhe, Mitleid, Aufrichtigkeit, Mäßigkeit im Essen, Reinheit. Auch von den Geboten der Selbstzucht gibt es mehr als im Yogasūtra: Zwei verschiedene Arten von Askese, Zufriedenheit, Glaube, Freigiebigkeit, Gottesverehrung, Studium, Zurückhaltung und Opferdienst.

Während nun Patañjali kein und auch seine Kommentatoren nur wenig Gewicht auf die Körperhaltungen legen, nehmen diese den breitesten Raum innerhalb der Haṭhayogatexte ein. Im klassischen System sind sie zur Vorbereitung auf die Meditation gedacht, im Haṭhayoga werden sie für sich genommen und besitzen größte Bedeutung. Zahlreiche Positionen werden aufgezählt, die der Schüler solange übt, bis er sie mit Leichtigkeit ausführen kann, so daß allmählich auch die schwierigsten Übungen keine Anspannung mehr erfordern. Die körperlichen Übungen sind freilich nicht als Gymnastik zu verstehen, auch mit sportlichen Aktivitäten haben sie nichts gemein. Ganz im Gegenteil: Sie sollen den Yogin eben gerade dazu befähigen, bewegungslos in einer einzigen Positur zu verharren. Das Zurückziehen der Sinnesvermögen schließt den Haṭhayoga ab.

Viele Yogins betrachten den Haṭhayoga nicht als eigenständiges System, sondern als Vorbereitung auf den Rājayoga. In diesem Falle dienen die Übungen zwar auch dazu, körperlichen Krankheiten und geistiger Verwirrung vorzubeugen und Zauberkräfte zu erlangen, aber mit dem übergeordneten Ziel, sich von äußeren Einflüssen freizumachen und so auf den Rājayoga vorzubereiten. Mit dem »königlichen« (*rāja* m.) Yoga sind die letzten drei der Acht Glieder des klassischen Yoga gemeint, der dritte Meditationstypus also. Die Praxis entspricht dem alten System und führt in letzter Vollendung zur Unabhängigkeit. Der Haṭhayoga bildet somit einen mehr oder weniger selbständig gewordenen Teil aus den Vorbereitungen auf die Meditation, auf den dann der Rājayoga folgen kann.

V. Yoga heute

Es gibt keine Zahlen, aus denen hervorgeht, wie viele Anhänger das Yogasūtra mit seinen Lehren gefunden hat. Sie verlangen dem Übenden enorme Mühen ab, doch verfolgt der Pātañjala-Yoga ein so hochgestecktes Ziel, daß es – das läßt sich in keinem Falle leugnen – nur durch immense geistige Anstrengung überhaupt in die Sicht des Möglichen kommt. Die mit dem Yoga verbundenen Entbehrungen lassen vermuten, daß schon in der Entstehungszeit des klassischen Yoga nur ein kleiner Kreis von praktizierenden Anhängern der »wahren Lehre« bestand. Dies mag auch ein Grund dafür gewesen sein, daß nur Teile davon in einzelnen Schulen gelehrt wurden. Für eine größere Gefolgschaft war zudem das direkte religiöse Erleben wichtig, das im Pātañjala-Yoga letztlich nur in der Meditation erfahren wird. Kultische Handlungen gehören nicht zum klassischen Yoga, stören sogar den langsamen Rückzug des Yogin aus der Welt. Schließlich drängte sich immer mehr der als gesundheitsfördernd geltende Haṭhayoga in den Vordergrund, wobei die Meditation ihre entscheidende Bedeutung verlor, obwohl gerade ihr im klassischen System die größte Aufmerksamkeit gilt, weil nur in ihr die wahre Erkenntnis möglich ist. Diese Entwicklung ist bereits seit dem indischen Mittelalter, also etwa ab dem 10. Jahrhundert, zu beobachten.

In unmittelbarem Zusammenhang mit der Rolle des Yoga im ausgehenden 20. Jahrhundert stehen die Lehrerpersönlichkeiten, die »ihren« Yoga im eigenen Land oder auch im Westen lehren. Nicht einzuschätzen ist dabei das Gewicht solcher Lehrer, die in traditioneller Weise einem oder mehreren Schülern den Yoga in Abgeschiedenheit vermitteln und so aus der Anonymität nicht heraustreten.

Als Lehrer bekannt geworden sind dagegen Männer wie Yogānanda, Śivānanda, Guru Maharaj Ji, Vivekānanda und Aurobindo. Wohl nicht zufällig waren sie alle westlich ausgebildet worden – Aurobindo in England, die übrigen an christlichen Instituten in Indien –, bevor sie sich dem Yoga zuwandten. Erst nach dem akademischen Studium abendländischer Provenienz begannen sie, wohl auch im Zusammenhang mit dem im 19. Jahrhundert aufkeimenden indischen Nationalismus, sich mit den Texten der einheimischen Traditionen auseinanderzusetzen, dies allerdings bereits unter westlichem Einfluß. Svāmi Cinmayānanda legte seiner Anhängerschaft, egal ob indisch oder westlich, das Quellenstudium (Patañjali würde es das »Studium« nennen, das der Befreiung förderlich ist) von Anfang an nahe.[1]

Auftreten und Lebensstil vieler »Lehrer« entspricht oft nicht mehr den traditionellen Regeln, und die große Gefolgschaft, die einzelne von ihnen besitzen, läßt es zudem nicht zu, daß ein direkter Kontakt zwischen Lehrer und Schüler besteht, wie es ursprünglich gefordert war. Wenn auch der Schüler über seinen »Guru«[2] aus dessen Schriften und Reden etliches in Erfahrung bringen kann, ist es selten, daß der Lehrer seinen Schüler auch persönlich kennenlernt und beurteilt, ob er für die Lehre geeignet ist. Doch scheint andererseits bei vielen der modernen Gurus auch nicht so sehr der Weg im Vordergrund zu stehen, auf dem der Yogin durch die Kraft seines eigenen Bewußtseins in der Meditation sein Heil findet, sondern die bedingungslose Hingabe an den »Meister«. Das Bild einer fast unnahbaren Persönlichkeit, die für den Anhänger allwissend und allgegenwärtig ist, kommt einer solchen Hingabe nur entgegen. Der Unterschied zu Patañjali – auch wenn die »Hingabe an die göttliche Macht« darin eine Rolle spielt – besteht darin, daß der Yogin hier lernt, sich nicht von etwas anderem als seinem eigenen Willen leiten zu lassen, steht doch gerade die Unabhängigkeit im Mittelpunkt seines Strebens.

Wenn Lehrer eine Schülerschaft vor allem mit ihren Wunderfähigkeiten anziehen oder an sich binden, so widerspricht das der Lehre des Patañjali, der die Zauberkräfte als Hindernisse auf dem Weg zur Erkenntnis bezeichnete. Bemerkenswert ist, daß jene Gurus ihre Schüler, sowohl die indischen (die meist auch nicht mehr in ihren traditionellen Texten bewandert sind) als die westlichen, nicht an das Quellenstudium heranführen, was für ihr Verständnis aber unbedingt erforderlich ist. Meditationen werden oft zu Gruppenveranstaltungen ohne jedes Wissen um die Zusammenhänge der Lehre, nach denen man sich wieder seiner gewohnten Lebensweise widmet. Andererseits sind auch viele Anhänger so von ihren Lehrern oder der mit ihnen verbundenen Organisationen eingenommen, daß sie – zumindest zeitweise – alles andere aufgeben. Ein solcher Schritt ergibt aber ausschließlich dann einen Sinn, wenn dem geistigen Lehrer uneingeschränktes Vertrauen geschenkt werden kann.

Gerade der westlichen Schülerschaft fehlt die Vertrautheit mit indischen Traditionen; außerdem spielt vielleicht auch bei manchen ein Übermaß an emotionaler Begeisterung mit, welche die Unterscheidungsfähigkeit trübt. Im Westen herrscht immer noch eine romantisch geprägte Einstellung zum indischem Denken und damit auch zum Yoga vor. Der Glaube an »indische Weisheiten« ist groß, wobei hauptsächlich solche Lehren bei uns Eingang gefunden haben, die, gerade was den Yoga betrifft, lange nach der Entstehungszeit des klassischen Systems entwickelt wurden. So findet fast ausschließlich der Haṭhayoga hierzulande Anhänger. Die Reduktion des Pātañjala-Yoga auf gesundheitsfördernde Körper- und Atemübungen breitete sich im Westen vor allem in den siebziger Jahren aus. Anstöße hierzu kamen vorwiegend von Śivānanda und der Organisation »Transzendentale Meditation« um Maharishi Mahesh Yogi. In den letzten Jahren nahm die Zahl der Schulen, die derartige Praktiken unterrichten, stetig zu, und sie wird noch größer werden, denn nicht wenige von diesen Schulen bilden Yoga-Lehrer aus, die sich ihrerseits wieder um Schüler bemühen. Vielfach hat der dort gelehrte Haṭhayoga eher gymnastischen Charakter, so daß die Nähe zum Yoga, wie er von Patañjali gelehrt wurde, nicht mehr zu erkennen ist. Das Ziel ist kein geistiges mehr, der Haṭhayoga mündet dabei auch nicht mehr in den Rājayoga, den meditativen Yoga. Dagegen begnügen sich Schüler wie Lehrer damit, zwei oder manchmal drei Glieder des achtgliedrigen Yoga zu üben, der so sehr viel mehr bedeutet als nur Sport oder Entspannung. Der Grund für diese Wandlung der ursprünglich zur Unabhängigkeit des Bewußtseins führenden Lehre liegt wohl nicht zuletzt in einer didaktischen Schwierigkeit: Wie kann diese unerhörte Disziplin des Geistes nahegebracht werden, die emotionalen Regungen keinen Raum mehr läßt. Yogische Posituren und Atemzügelung, wie sie der Haṭhayoga lehrt, können die Schüler bis zu einem bestimmten Schwierigkeitsgrad verhältnismäßig leicht ausführen und erleben damit gleichzeitig einen Erfolg, der sie in ihrem Tun bestätigt.

Die Zielsetzung des Yoga, wie er heute meist verstanden wird, hat sich gegenüber dem klassischen Yoga also weitgehend verändert. Dies gilt nicht nur für den Westen, auch im Ursprungsland selbst wird der Yoga – oder besser eine Form des Yoga – für Zwecke eingesetzt, die weit von dem entfernt sind, was ursprünglich erstrebt wurde. Bei einem Blick auf den Buchmarkt, der eine Fülle von Titeln zum Thema Yoga anbietet, zeigt sich, daß er vor allem als psychotherapeutisches Mittel eingesetzt wird oder als gymnastische Übung zur Körperertüchtigung: Der Yoga soll angespannte Führungskräfte vom Streß befreien, das Leben meistern lehren, in allen Lebenslagen entspannen, die sexuelle Kraft stärken, werdenden Müttern in der Schwangerschaft und bei der Geburt Erleichterung verschaffen, Haltungsschäden und Rückenschmerzen beheben, Leistungssportler unterstützen usw.

Patañjali hatte sicherlich anderes im Sinne, als er das Yogasūtra zusammenstellte. Ein Blick auf die indischen Traditionen zeigt indes, daß schon hier Teile des Ganzen isoliert und weiterentwickelt wurden. Insofern spricht auch nichts gegen eine »Modernisierung« des Yoga, seine frühere Gestalt und seine Hintergründe sollten aber auch dem streßgeplagten Menschen in unseren Breiten bekannt sein. Das ursprüngliche Ziel ist heute nicht weniger aktuell als damals: Unabhängigkeit und eine Sicht der Dinge, wie sie sind.

Anmerkungen

I. Einleitung

1 Bhagavadgītā im Mahābhārata 6. 27. 8.
2 Z.B. Geldner, Bd. 3, S. 359ff. (Ṛgveda 10.129.6).
3 Nach Frauwallner, 50f.; diese Vorstellung entstammt der Beobachtung des Mondes. Den ab- und zunehmenden Mond betrachtete man als einen auf- und zugeschobenen Riegel.
4 Geldner, Bd. 3, S. 385 (Ṛgveda 10.154.2,5).
5 Geldner, Bd. 3, S. 393 (Ṛgveda 10.167.1).
6 Geldner, Bd. 3, S. 150 (Ṛgveda 10.17.4).
7 Śatapatha-Brāhmaṇa 11.1.1.1-2.
8 Chāndogya-Upaniṣad 8.15.
9 Chāndogya-Upaniṣad 8.7.1 – 8.12.6, vgl. Thieme (1982), S. 31–38.
10 Muṇḍaka-Upaniṣad 3.2.2.
11 Thieme (1952).
12 Bṛhadāraṇyaka-Upaniṣad 2.5.14,15.
13 Kaṭha-Upaniṣad 6.8b.
14 Āpastamba-Dharmasūtra 1.8.22.
15 Śvetāśvatara-Upaniṣad 2.8,9.
16 Śvetāśvatara-Upaniṣad 2.10.
17 Z.B. Āpastamba-Dharmasūtra 1.1–1.3.
18 Der folgende Ritus stammt aus Āpastamba-Gṛhyasūtra 4.10–11.
19 Manusmṛti 1.109.
20 Geldner, Bd. 1, S. 295 (Ṛgveda 2.15).
21 Geldner, Bd. 3, S. 286f. (Ṛgveda 10, 90).
22 Śatapatha-Brāhmaṇa 14.1, 2.
23 Die geschichtliche Entwicklung des Sāṃkhya im Mahābhārata wurde u. a. von Frauwallner erörtert. Die folgenden Ausführungen richten sich weitgehend nach seiner Darstellung und der von V. M. Bedekar in Bd. 16 der Poona-Ausgabe des Mahābhārata, S. CCVff.
24 Mahābhārata 12.175–180.
25 Mahābhārata 12.194–199.
26 Mahābhārata 12.224–247.
27 Mahābhārata 12.187.
28 Die Texte hierzu sind zusammengestellt von Larson und Bhattacarya, S. 118ff.

29 Nach Larson und Bhattacarya, S. 118f. (Mahābhārata, 12. 211–212).

II. Das klassische Sāṃkhya

1 Vgl. Garbe (1896), S. 10.
2 Dieser Begriff wird im Anschluß an Frauwallner häufig als »Urmaterie« übersetzt, entsprechend dann *prakṛti* als »Materie«. In der SK liegt der Schwerpunkt von *mūlaprakṛti* und *prakṛti* auf dem Aspekt des Hervorbringens ohne fremdes Zutun. Das Werden vollzieht sich durch die ihnen innewohnenden Kräfte und Gesetze von selbst, was durch die Übersetzung als »Urnatur« (*mūlaprakṛti*) bzw. »Natur« *(prakṛti)* betont werden soll.
3 Meist auch so übersetzt, im Text jedoch nicht so genannt.
4 Zu unterscheiden von den übernatürlichen Kräften, die ebenfalls *siddhi* heißen.
5 Vgl. SK 68.
6 Gemeint ist möglicherweise der Veda, vielleicht aber noch anderes.
7 Nach Garbe (1891).
8 Vgl. SK 22.
9 Die dritte Art der Schlußfolgerung wird in SK 6 genannt.
10 Charakteristika eines Gegenstandes, der unter einen bestimmten Begriff fällt, werden wahrgenommen. Für einen zweiten Gegenstand, der unter den gleichen Begriff fällt, können seine – bislang unbekannten – Charakteristika daraus gefolgert werden.
11 Für »Selbst« wird im Sanskrittext das Wort *puruṣa* verwendet. Nur an dieser Stelle und in SK 60 steht für »Selbst« *puṃs*, wohl aus metrischen Gründen.
12 Vgl. auch SK 38.
13 In der Auflistung der Tatvermögen ist das Wort »Entleeren« oder »Ausscheiden« zu erwarten. Wegen des Versmaßes steht hier wohl statt dessen »After«.
14 Garbe (1891): »der Außendinge«.
15 Die Atemströme heißen Prāṇa, Apāna, Samāna, Udāna und Vyāna. Prāṇa bewirkt das Aufnehmen der Speisen und das Atmen, Apāna treibt Urin, Faeces usw. nach unten, Samāna verdaut die Speisen und zerlegt sie in ihre Elemente, Udāna bewirkt Sprechen und Singen, Vyāna verteilt die Flüssigkeiten im Körper und läßt sie fließen. Sie erhalten den Körper am Leben. Wenn Verstand, Ichbewußtsein und Denkvermögen darauf einwirken, sind sie für die Erhaltung des Lebens verantwortlich.

16 Wörtl.: »sie sind einer Lampe ähnlich«. Obwohl sich Ichbewußtsein, Denkvermögen und die Zehn Vermögen voneinander unterscheiden, haben sie eine gemeinsame Aufgabe. So unterscheiden sich auch bei einer Lampe der Docht, das Öl und das Feuer und haben doch ein gemeinsames Ziel: gegen die Finsternis die Farben zu erleuchten.

17 Tattvakaumudī: »Nachdem die äußeren Vermögen [ein Objekt] erhellt haben, senden sie [es] an das Denkvermögen, und nachdem das Denkvermögen sich damit beschäftigt hat, [geht es] an das Ichbewußtsein, und nachdem das Ichbewußtsein [es] angenommen hat, [geht es] an den Verstand, der alles überwacht.«

18 Der Verstand ist das letzte Glied in der Kette der Wahrnehmung. Das bedeutet, daß nur er die entscheidende Wahrheit, den Unterschied zwischen Urnatur und Selbst, ans Licht bringen kann.

19 Die Gestalt eines Objektes als Bewußtseinsinhalt ist die Vorstellung. Es ist nicht Voraussetzung, daß der Vorstellung ein wirkliches Objekt entspricht. Die dem Bewußtsein innewohnenden Dispositionen Irrtum, Unfähigkeit, Zufriedenheit und Vollkommenheit bestimmen die Gestalt des Objekts im Bewußtsein.

20 Tattvakaumudī: »Brahma-, Prajāpati-, Indra-, Vorväter-, Gandharva-, Yakṣa-, Rākṣasa- und Piśācawelt«.

21 Tattvakaumudī: »Haustiere, Wildtiere, fliegende und kriechende Tiere und Pflanzen«.

22 Das geht über alles, was die bloße Wahrnehmung bewirken kann, hinaus. Sie ist nämlich weder vollkommen noch beständig, vgl. SK 1.

23 Bei der »Lehre von den Sechzig« handelt es sich entweder um einen Sāṃkhya-Text oder um eine Begriffsreihe innerhalb der Sāṃkhya-Tradition.

24 Zwischen 557 und 569 wurde die Sāṃkhyakārikā von Paramārtha ins Chinesische übersetzt. Weil sich seine Übersetzung auf einen Text »Die Goldenen Siebzig« (Suvarṇasaptati) bezieht, läßt sich schließen, daß die Sāṃkhyakārikā ursprünglich 70 Strophen beinhaltete. Verschiedene indische Kommentatoren hatten Textvorlagen der Sāṃkhyakārikā mit 73 Strophen. Durch Vergleich der vorhandenen Kommentare kommt Larson zu dem Ergebnis, daß die Sāṃkhyakārikā ursprünglich aus 70 Versen bestand (SK 1–62 und 64–71) und daß die Verse 63 und 72 bzw. 73 später eingefügt wurden.

III. Der klassische Yoga

1 Vgl. Deussen, Hauer.
2 Der Absatz schließt an das erste Buch an, wo die Bewußtseinstätigkeiten schon »befleckt« und »nicht befleckt« genannt werden (YS 1.5), ohne daß das aber genauer erklärt würde.
3 Die unterschiedlichen Begriffe lassen sich vermutlich auf die von Patañjali gesammelten Traditionen zurückführen.
4 Der Begriff Meditation soll hier Oberbegriff für jede Art der geistigen Sammlung sein, wie sie im Yogasūtra geschildert wird.
5 Die verschiedenen Meditationsstrukturen des Yogasutra hat Oberhammer gründlich erörtert.
6 Patañjali benennt diese Meditationsstufe interessanterweise nicht, sondern bezeichnet sie lediglich als eine von der »erkenntnishaften« verschiedene, als »andere« (*anya*). Erst der Kommentator Vyāsa spricht von der »nichterkenntnishaften« (*asaṃprajñata*) Konzentration: »Die nichterkenntnishafte unterdrückende Konzentration ist die Unterdrückung eines Restes von Bewußtseinseindrücken, wenn alle Bewußtseinstätigkeiten aufgehoben sind.«
7 Manusmṛti 4.204.
8 Oberhammer hat bereits auf die hier vom Objekt zu unterscheidende Funktion des Ortes hingewiesen.
9 Wenn die Fünf Tätigkeiten »befleckt« sind, so stehen sie unter dem Einfluß der Fünf Befleckungen, die in YS 2.3 aufgezählt sind.
10 Vgl. YS 3.50.
11 Vgl. YS 2.3.
12 Das Wort leitet sich ab von der Wurzel pra-NU: »preisen, jauchzen, brüllen, brummen«.
13 Darunter ist wohl ungleichmäßiges Atmen zu verstehen, das von einem erregten Gemütszustand herrührt.
14 Hauer überträgt mit »Unbekümmertheit und Heiterkeit«.
15 Vgl. YS 1.15.
16 Vgl. YS 3.3.
17 Vgl. YS 2.19.
18 Vgl. YS 1.45.
19 Die Erklärungen in Klammern nach Vyāsa zu 2.19.
20 Dem Satz selbst kann man nicht entnehmen, welche siebenfache Erkenntnis gemeint ist. Der Kommentar dazu: 1. »Vollständig erkannt ist das [Leid], dem man entfliehen muß; nicht muß [der Yogin] nochmals erkennen.« 2. »Vermindert wurden die Gründe für das, dem man entfliehen muß; nicht muß [der Yogin] noch-

mals erkennen.« 3. »Vor Augen geführt wurde – durch Konzentration auf die Unterdrückung – das Entfliehen.« 4. »Ein Mittel zum Entfliehen ist in Form von ›Richtiger Einsicht‹ entstanden.« 5. »Nicht mehr die Oberaufsicht hat der Verstand.« 6. »Die Bestandteile [...] sind aus eigener Kraft der Auflösung zugewandt; [...]. Auch steigen die Geschmolzenen nicht mehr erneut auf, weil keine Bindung mehr besteht.« 7. »In diesem Zustand ist das Selbst über die Bindung mit den Bestandteilen hinausgegangen, wird allein von sich selbst erleuchtet, ist unbeschmutzt, unabhängig.« Die ersten vier erinnern an die buddhistischen »Vier edlen Wahrheiten«, die ihre Entsprechungen im YS haben: 1. dasjenige, dem man entfliehen muß (YS 2.16), 2. die Ursache dessen, dem man entfliehen muß (YS 2.17–24), 3. das Entfliehen (YS 2.25), 4. das Mittel zum Entfliehen (YS 2.26 ff.). Der Satz kann aber auch Überschrift des folgenden sein, und die »siebenfache Erkenntnis« nennt dann die ersten sieben Glieder des achtgliedrigen Yoga, die zur achten, »höchsten Stufe« führen.

21 Die Unreinheit schwindet durch Askese, vgl. YS 2.43.

22 Im Sanskrittext steht an dieser Stelle der Plural, der wohl dadurch zustande kommt, daß sich das Bewußtsein an viele verschiedene Objekte binden kann (s. YS 3.1), was zu mehreren Arten von »Festhalten« führt.

23 Bewußtsein (*citta*) kann ebensogut auf Festhalten (*dhāraṇā*) bezogen werden. Die Aussage ändert sich dadurch nicht.

24 Aus YS 1.51.

25 Vyāsa: »Das Werk, das bezüglich der Lebensdauer reift, ist von zweierlei Art: [schnell] voranschreitend und [langsam] voranschreitend. Genauso wie ein nasses, ausgebreitetes Gewand, das in kürzerer Zeit trocknen wird, ist das [schnell voranschreitende]; und wie das zu einem Ball gerollte, das in längerer [Zeit] vollständig trocknen wird, ist das [langsam] voranschreitende.«

26 Vyāsa: »Es gibt drei Arten von Vorzeichen: Wenn einer mit verdeckten Ohren das Geräusch im eigenen Körper nicht hört, oder wenn einer mit abgedeckten Augen nicht das [innere] Licht sieht. Wenn einer die Abgesandten von Yama (dem Todesgott) sieht oder die Ahnen, ohne daß er es wollte. Wenn einer, ohne daß er es wollte, den Himmel oder die, die ihr Ziel erlangt haben, sieht.«

27 Bezeichnet einen bestimmten Punkt im menschlichen Körper.

28 Der »Aufhauch« (*udāna*) ist einer der fünf Atemströme (*prāṇa*), er führt von der Kehle zum Kopf; vgl. Kap. II. Anm. 15.

29 Gemeint ist, daß der Yogin ohne Schaden über Wasser, Schmutz und Dornen gehen kann.

30 Weller schreibt »Verklärung« für das »Flammen«.

31 Nach Vyāsa sind die anderen: »Die Kraft, sich beliebig leicht zu machen« (*laghiman* m.), »sich beliebig groß zu machen« (*mahiman* m.), »die Fähigkeit, alles zu erreichen (*prāpti* f.): [Der Yogin] berührt auch mit der Fingerspitze den Mond«, »unaufhaltsamer Wille (*prākāmya* n.): [Der Yogin...] taucht aus der Erde auf, er taucht unter, wie in Wasser«, »die Fähigkeit, alles seinem Willen zu unterwerfen« (*vaśitva* n.), »Überlegenheit (*īśitṛtva* n.): Er hat Macht über die Elemente und [alles] weltliche«, »die Zauberkraft, sich dahin zu versetzen, wohin er gerade will« (*yatrakāmāvasāya* m.).

32 Wie in YS 2.48. Vyāsa: »Die Erde, mit ihrer [Eigenschaft] Festigkeit, schränkt die körperlichen und weiteren Handlungen des Yogin nicht ein [...]. Das Wasser, das nasse, näßt ihn nicht. Das Feuer, das heiße, verbrennt ihn nicht [...]«.

33 Nach Lindquist.

34 Vgl. YS 1.15.

35 Gemeint sind nach Vyāsa die Götter, die versuchen, den Yogin zur Zufriedenheit zu verführen, damit er seine Übungen aufgibt.

36 Patañjali zielt hier auf das Bewußtsein und das in ihm ruhende Selbst ab.

37 Es erfaßt in einem Moment (»ohne Abfolge von Momenten«) das ganze Objekt mit all seinen zeitlichen Momenten.

38 Vyāsa: »Die Fähigkeit, in den nächsten Körper einzugehen, ist die Vollkommenheit durch die Geburt. [Vollkommenheit] durch Heilkräuter, [welche man bekommt] aus den Wohnungen von Dämonen, [heißt] durch Lebenselixiere und weitere. [Die Vollkommmenheit], die man durch Zaubersprüche erhält, ist das Erlangen von Fähigkeiten, angefangen mit denen, durch den Luftraum zu gehen und sich in Atome aufzulösen. Durch Askese entsteht die Vollkommenheit der Wünsche, welche damit anfängt, daß man jede gewünschte Gestalt annehmen und dahin gehen kann, wohin man will [...]«

39 Vyāsa: »Wenn eine frühere Veränderung vorüber ist, folgt die nächste Veränderung, weil die [Körper und Sinnesvermögen] in ihre neuen Teile eintreten. Und die Naturen [von Körper und Sinnesorganen] greifen jede für sich zu einer Umgestaltung durch das Einfüllen einer Wirkursache, nämlich Eigenschaft, [Kennzeichen und Zustand], welche die [entsprechende] Umgestaltung bestimmt.«

40 Vyāsa: »Nicht nämlich ist die Wirkursache [...] Urheber der Naturen, weil durch eine Wirkung nicht die Ursache tätig wird.«

41 Vyāsa: »Wenn ein Feldarbeiter ein Feld [...] durch Auffüllen mit Wasser aus einem [anderen] Feld überfluten will, trägt er das Was-

ser nicht mit der Hand weg, sondern kappt seine Absperrung. Wenn sie gekappt ist, überflutet das Wasser von selbst das Feld. Ebenso kappt die Eigenschaft die Nichteigenschaft, welche die Verhüllung der Naturen ist. Wenn sie gekappt ist, überfluten die Naturen von selbst jede für sich eine Umgestaltung.«

42 Alles in der Natur birgt die drei Zeitstufen in sich, auch wenn sich die Dinge der Außenwelt jeweils nur in ihrer gegenwärtigen Gestalt zeigen. Diese Gestalt beinhaltet aber bereits die Vergangenheit und die Zukunft in sich, denn ohne die beiden anderen könnte die dritte Zeitstufe gar nicht bestehen.

43 Vyāsa: »Eine also, die keiner Veränderung unterworfen wurde, und fähig ist zu empfinden.«

IV. Verschiedene Yogaformen

1 Gonda, S. 244.

2 Steinmann, S. 95.

3 Der indische Gelehrte Kane erkennt nur zwei Systeme des Yoga an: Pātañjala-Yoga und Haṭhayoga.

4 Die nachfolgenden Ausführungen zum Haṭhayoga halten sich an Lindquist.

V. Yoga heute

1 Steinmann, S. 188.

2 Das Adjektiv *guru* bedeutet »schwer, groß, ausgedehnt«; das Nomen kann eine »gewichtige« bzw. »ehrwürdige Person«, dann aber auch einen »Lehrer« bezeichnen.

Literatur

Āpṭe, Hari Nārāyaṇa (Hrsg.): »Pātañjaliyogasūtrāṇi«. Poona 1904 (*Ānandāśrama Series* 47).

Āpṭe, Vināyaka Ganeśa (Hrsg.): »Kāthaka-Upaniṣad«. Poona 1935 (*Ānandāśrama Series* 7).

Basham, A. L.: *The Wonder that was India*. Delhi u. a. 20. Aufl. 1993.

Beck, Guy L.: *Sonic Theology, Hinduism and Sacred Sound*. Delhi 1995 (Erstausagabe: University of South Carolina 1993).

Bhattacharya, Jogendra Nath: *Hindu Castes and Sects*. New Delhi 1995 (Erstausgabe: 1896).

Bianco, Lucien: *Das moderne Asien*. Hamburg 2. Aufl. 1973 (Fischer Weltgeschichte 33).

Böhtlingk, Otto (Hrsg. u. übers.): *Bṛhadāraṇyaka-Upaniṣad in der Mādhyandina-Recension*. St. Petersburg 1889.

Böhtlingk, Otto u. Rudolph Roth: *Sanskrit-Wörterbuch*. Osnabrück-Wiesbaden 2. Aufl. 1966.

Boxberger, Robert: *Bhagavadgītā. Das Lied der Gottheit*. Stuttgart 1955.

Daniélou, Alain: *Yoga. Mastering the Secrets of Matter and the Universe*. Vermont 1991 (Erstausgabe: The Method of Re-integration, London 1949).

Dange, Sadashiv A.: *Encyclopaedia of Puranic Beliefs and Practices*. 5 Bde. New Delhi 1987.

Dasgupta, Surendranath: *A History of Indian Philosophy*, Bd. 1. Delhi 1975.

Dasgupta, Surendranath: *A Study of Patañjali*. Delhi 2. Aufl. 1989.

Dasgupta, Surendranath: *Yoga as Philosophy and Religion*. Delhi 4. Aufl. 1995 (Erstausgabe: London 1924).

Eliade, Mircea: *Yoga. Unsterblichkeit und Freiheit*. Zürich 1960.

Embree, Ainslie T. u. Friedrich Wilhelm: *Indien*. Hamburg 5. Aufl. 1982 (Fischer Weltgeschichte 17).

Frauwallner, Erich: *Geschichte der indischen Philosophie*, Bd. 1, Salzburg 1953.

Friedrich, Elvira: *Das Āpastamba-Dharmasūtra. Aufbau und Aussage*. Frankfurt 1993.

Fuchs, Christian: *Yoga in Deutschland. Rezeption, Organisation, Typologie*. Stuttgart 1990.

Garbe, Richard: *Der Mondschein der Sāṃkhya-Wahrheit. Vācaspatimiśra's Sāṃkhya-tattva-kaumudī*. München 1891.
Garbe, Richard: »Sāṃkhya und Yoga«. In: *Grundriß der indo-arischen Philologie und Altertumskunde*, Bd. 3.4. Straßburg 1896.
Geldner, Karl Friedrich: *Der Rig-Veda*. 4 Bde., Cambridge 1951–1957.
Glasenapp, Helmuth von: *Die Literaturen Indiens*. Stuttgart 1961.
Gonda, Jan: *Die Religionen Indiens. I Veda und älterer Hinduismus*. Stuttgart 1960.
Hauer, J. W.: *Der Yoga. Ein indischer Weg zum Selbst*. Stuttgart 3. Aufl. 1983 (Erstausgabe: ›Der Yoga als Heilsweg‹, Stuttgart 1932).
Hausschild, Richard: »Die Śvetāśvatara-Upaniṣad«. Eine kritische Ausgabe mit einer Übersetzung und einer Übersicht über ihre Lehren. Leipzig 1927 (*Abhandlungen für die Kunde des Morgenlandes*, Bd. 17.2).
Hertel, Johannes: »Muṇḍaka-Upaniṣad«. Kritische Ausgabe. Leipzig 1924 (*Indo-iranische Quellen und Forschungen*, Heft 3).
Iyengar, B. K. S.: *Light on the Yoga Sūtras of Patañjali*. London 1993.
Jacoby, Hermann: *Über das ursprüngliche Yoga-System*. Berlin 1929 (Sonderausgabe aus den Sitzungsberichten der preußischen Akademie der Wissenschaften, Phil.-Hist. Klasse, XXVI).
Jāwaji, Pāṇḍurang (Hrsg.): *The Sānkhya Kārikā of Mahāmuni Śrī Īśvarakṛṣṇa*. Bombay 1940.
Kane, P. V.: *History of Dharmaśāstra*, Bd. 5.2. Poona 2. Aufl. 1977.
Kaul, H. Kumar: *Aspects of Yoga*. Delhi 1994.
Khanna, Madhu: *Das große Yantra-Buch*. Freiburg 1980.
Kṛṣṇamācharya, Ekkirala: *Der Yoga des Patañjali*. o. O. 1983 (Erstausgabe: ›The Yoga of Patañjali‹, o. O. 1976).
Larson, Gerald James u. Bhattacharya Ram Shankar: »Sāṃkhya. A Dualistic Tradition in Indian Philosophy«. Delhi 1987 (*Encyclopedia of Indian Philosophies*, Bd. 4).
Lindquist, Sigurd: *Die Methoden des Yoga*. Lund 1932.
Lindquist, Sigurd: *Siddhi und Abhiñña. Eine Studie über die klassischen Wunder des Yoga*. Uppsala 1935.
Maldoner, Hellmuth: *Sanskrit-Deutsch Yoga Sūtra. Der Yogaleitfaden des Patañjali*. Hamburg 1987.
Manikar, T. G.: *Sāṃkhyakārikā of Īśvarakṛṣṇa with the Commentary of Gauḍapāda*. o. O. 1972 (Erstausgabe: o. O. 1964).
Möller, Volker: »Die Mythologie der vedischen Religion und des Hinduismus«. In: *Wörterbuch der Mythologie*, Bd. 5, hrsg. von H. W. Haussig. Stuttgart 1966, S. 1–204.

Nene, Pt. Gopala Śāstrī (Hrsg.): »Manusmṛti with the Manvartha-Muktāvalī Commentary of Kullūka Bhaṭṭa«. Varanasi 3. Aufl. 1982 (*Kashi Sanskrit Series* 114).
Oberhammer, Gerhard: *Strukturen yogischer Meditation. Untersuchungen zur Spiritualität des Yoga*. Wien 1977 (österreichische Akademie der Wissenschaften, Phil.-Hist. Klasse, Sitzungsberichte 322).
Oldenberg, Hermann: *Die Religionen des Veda*. Stuttgart o. J. (Erstausgabe: Berlin 1894).
Oldenberg, Hermann: *The Gṛhya-Sūtras. Rules of Vedic Domestic Ceremonies*, Part 2, Gobhila, Hiraṇyakeśin, Āpastamba. Oxford 1892 (Sacred Books of the East 30).
Pandey, Dr. Umesh Chandra (Hrsg.): »Āpastamba-Gṛhyasūtra«. With the Anākulā-Commentary of Śrī Haradatta Miśra. Varanasi 1971 (*Kashi Sanskrit Series* 59).
Ritter, Joachim u. Karlfried Gründer (Hrsg.): *Historisches Wörterbuch der Philosophie*. Darmstadt 1971 ff.
Röer, Hans Heinrich Eduard (Hrsg.): »Chāndogya-Upaniṣad«. Osnabrück 1980 (*Bibliotheca Indica* 3; Erstausgabe: Calcutta 1849–1850).
Schmithausen, Lambert: »Mensch, Tier und Pflanze und der Tod in den älteren Upaniṣaden«. In: *Österreichische Akademie der Wissenschaften, Phil.-Hist. Klasse, Sitzungsberichte* 624, Wien 1995.
Schneider, Ulrich: *Einführung in den Buddhismus*. Darmstadt 1980.
Steinmann, Ralph Marc: »Guru-Śiṣya-Saṃbandha. Das Meister-Schüler-Verhältnis im traditionellen und modernen Hinduismus«. Stuttgart 1986 (*Beiträge zur Südasienforschung* 109).
Sukthankar, Vishnu S. (Hrsg.): *Mahābhārata*, Bd. 14–16. Poona 1954–1966.
Thieme, Paul (Hrsg.): *Upanischaden. Ausgewählte Stücke*. Stuttgart 1982.
Thieme, Paul (Hrsg.): »Brahman«. In: *Zeitschrift der Deutschen Morgenländischen Gesellschaft* 102, 1952.
Walker, Benjamin: *Hindu World. An Encyclopedic Survey of Hinduism*. 2 Bde. Delhi 1995 (Erstausgabe: London 1968).
Weber, Dr. Albrecht (Hrsg.): *The Śatapatha-Brāhmaṇa in the Madhyandina-Śākhā with Extracts from the Commentaries of Sāyana, Harisvāmin and Dvivedaganga*. Berlin/London 1855.
Weller, Friedrich: *Versuch einer Kritik der Kathopaniṣad*. Berlin 1953.
Werner, Karel: »The Yogi and the Mystic. Studies in Indian Comparative Mysticism«. New Delhi 1989 (*Durham Indological Studies* 1).

Wezler, Albrecht: »Der Gott des Sāṃkhya: Zu Nyāyakusumāñjali«, 1.3. In: *Indo-Iranian Journal* 12.4, 1970.
Winternitz, Maurice: *A History of Indian Literature*, 2 Bde. Delhi 3. Aufl. 1991.
Woods, James Haughton: *The Yoga-System of Patañjali*. Delhi 6. Aufl. 1988.

Register

Zur Autorin

Elvira Friedrich, geboren 1962, promovierte nach dem Studium der Indologie, der indischen Kunstgeschichte und der Gräzistik in München und Marburg, 1990 mit einer Arbeit über einen altindischen Rechtstext an der Ludwig-Maximilians-Universität in München. Seitdem arbeitet sie als freie Autorin, hält Vorträge und bereist regelmäßig den indischen Subkontinent.

Upanishaden

Die Geheimlehre der Inder
Übertragen und eingeleitet von Alfred Hillebrandt, mit einem Vorwort von Helmuth von Glasenapp
Diederichs Gelbe Reihe Band 15, 240 Seiten

Die *Upanishaden* stellen die philosophische und religiöse Essenz des Veda dar. Dieser Text ist für das Verständnis der indischen Philosophie grundlegend.

Mahābhārata

Indiens großes Epos
Aus dem Sanskrit übersetzt und zusammengefaßt von Biren Roy
Diederichs Gelbe Reihe Band 16, 336 Seiten und Frontispiz

Das *Mahābhārata* ist das bedeutendste Epos der Hindus. Es beschreibt den Kampf der Kauravas mit den Pandavas auf dem heiligen Schlachtfeld von Kurukshetra.

Bhagavadgita / Aschtavakragita

Indiens heilige Gesänge
Aus dem Sanskrit übertragen und kommentiert von Leopold von Schroeder und Heinrich Zimmer
Diederichs Gelbe Reihe Band 21, 176 Seiten

Die *Bhagavadgita* ist bis heute das verbreitetste Andachtsbuch der Hindus, und die *Aschtavakragita* faßt die Weisheit Indiens in epigrammatischen Sprüchen zusammen.

Ramayana

Die Geschichte vom Prinzen Rama, der schönen Sita und dem großen Affen Hanuman
Übertragen von Claudia Schmölders, mit einen Nachwort von Günter Metken
Diederichs Gelbe Reihe Band 45, 317 Seiten mit 12 Abbildungen

Das *Ramayana* (2. Jh. n. Chr.) ist das erste und größte indische Märchenepos. Neben Buddha ist Rama die moralische Leitfigur der Inder.

Eugen Diederichs Verlag

DIEDERICHS GELBE REIHE
Die lieferbaren Bände

DG 1 I Ging
DG 6 Das Totenbuch der Tibeter
DG 7 Heinrich Zimmer: Der Weg zum Selbst
DG 8 Helmuth von Glasenapp: Pfad zur Erleuchtung
DG 12 Hellmut Wilhelm: Sinn des I Ging
DG 13 Geshe Lhündub Söpa u. Jeffrey Hopkins: Der Tibetische Buddhismus
DG 14 Dschuang Dsi: Das wahre Buch vom südlichen Blütenland
DG 15 Upanishaden
DG 16 Mahabharata
DG 17 Über den Rand des tiefen Canyon
DG 18 Popol Vuh
DG 19 Laotse: Tao te king
DG 20 Annemarie Schimmel: Rumi
DG 21 Bhagavadgita / Aschtavakragita
DG 22 Kungfutse: Gespräche. Lun Yü
DG 23 Al Ghasali: Das Elixier der Glückseligkeit
DG 24 Basil Johnston: Und Manitu erschuf die Welt
DG 26 Le Saux/Abhishiktananda: Die Spiritualität der Upanishaden
DG 27 Idries Shah: Die Sufis
DG 28 Liä Dsi: Das wahre Buch vom quellenden Urgrund
DG 29 Tantra in Tibet
DG 30 Chang Chung-yuan: Tao, Zen und schöpferische Kraft
DG 31 Li Gi. Das Buch der Riten, Sitten und Bräuche
DG 32 Annemarie Schimmel: Und Muhammad ist Sein Prophet
DG 33 Heinrich Zimmer: Indische Mythen und Symbole
DG 34 Śāntideva: Poesie und Lehre des Mahāyāna-Buddhismus
DG 35 Der Sohar. Das heilige Buch der Kabbala
DG 36 Kungfutse: Schulgespräche
DG 37 Annemarie Schimmel: Gärten der Erkenntnis
DG 39 Emma Brunner-Traut: Die Kopten
DG 40 Orpheus. Altgriechische Mysterien
DG 41 Lati Rinpoche/Jeffrey Hopkins: Stufen zur Unsterblichkeit
DG 42 Mong Dsi: Die Lehrgespräche des Meisters Meng K'o
DG 45 Ramayana
DG 46 Germanische Götterlehre
DG 47 Hans Findeisen u. Heino Gehrts: Die Schamanen
DG 48 Christian Rätsch/K'ayum Ma'ax: Ein Kosmos im Regenwald
DG 51 Erfahrungen mit dem I Ging
DG 52 Franz Carl Endres u. Annemarie Schimmel: Das Mysterium der Zahl
DG 53 Gerhard Wehr: Die Bruderschaft der Rosenkreuzer

DG 54 Nordische Nibelungen
DG 55 Mary Steiner-Geringer: Tarot als Selbsterfahrung
DG 56 Albert Y. Leung: Chinesische Heilkräuter
DG 57 Christian Rätsch: Chactun. Die Götter der Maya
DG 61 John Blofeld: Der Taoismus
DG 62 Alfred Douglas: Ursprung und Praxis des Tarot
DG 63 Janheinz Jahn: Muntu
DG 64 Richard Wilhelm und C. G. Jung: Geheimnis der Goldenen Blüte
DG 65 Wen Kuan Chu/ Wallace A. Sherrill: Astrologie des I Ging
DG 67 Heinrich Zimmer: Abenteuer und Fahrten der Seele
DG 68 Wolfram Eberhard: Lexikon chinesischer Symbole
DG 71 Christian Rätsch: Indianische Heilkräuter
DG 73 Hans Wolfgang Schumann: Der historische Buddha
DG 74 Heinrich Seuse u. Johannes Tauber: Mystische Schriften
DG 76 Mahatma Gandhi: Wegweiser zur Gesundheit
DG 78 Robert Aitken: Zen als Lebenspraxis
DG 79 Robert Aitken: Ethik des Zen
DG 82 Annemarie Schimmel: Muhammad Iqbal
DG 84 Namkhai Norbu: Der Zyklus von Tag und Nacht
DG 91 Weisheit der Völker
DG 93 L. S. Dagyab: Buddhistische Glückssymbole
DG 95 George William Russell – A. E.: Weg zur Erleuchtung
DG 96 Benjamin Walker: Gnosis
DG 98 Das Weisheitsbuch des Zen
DG 99 Hans Wolfgang Schumann: Buddhismus
DG 100 Peter Sloterdijk u. Martin Buber: Mystische Zeugnisse
DG 101 Omar Ali-Shah Sufismus für den Alltag
DG 102 Annemarie Schimmel: Von Ali bis Zahra
DG 103 Rients R. Ritskes: Zen für Manager
DG 104 Barbara C. Sproul: Schöpfungsmythen der östlichen Welt
DG 105 Barbara C. Sproul: Schöpfungsmythen der westlichen Welt
DG 106 Geshe Thubten Ngawang: Vom Wandel des Geistes
DG 107 Sri Chinmoy: Veden, Upanishaden, Bhagavadgita
DG 108 Friedrich Weinreb: Kabbala im Traumleben des Menschen
DG 109 Dominique Viseux: Das Leben nach dem Tod
DG 110 René Grousset: Die Reise nach Westen

DG 111 Dennis Genpo Merzel: Durchbruch zum Herzen des Zen
DG 112 Åke Hultkrantz: Schamanische Heilkunst und rituelles Drama
DG 113 I. P. Couliano: Jenseits dieser Welt
DG 114 Hans Wolfgang Schumann: Mahāyāna-Buddhismus
DG 115 Christian Rätsch: Heilkräuter der Antike
DG 116 Gerhard Wehr: Spirituelle Meister des Westens
DG 117 Hartmut Kraft: Über innere Grenzen
DG 118 Isabelle Robinet: Geschichte des Taoismus
DG 119 Idries Shah: Sufi-Wege zum Selbst
DG 120 H. P. Blavatsky: Theosophie und Geheimwissenschaft
DG 121 Rumi: Von Allem und vom Einen
DG 122 Dominique Hertzer: Das Mawangdui-Yijing
DG 123 Murad Hofmann: Reise nach Mekka
DG 124 Andreas Gruschke: Mythen und Legenden der Tibeter
DG 125 Malidoma Somé: Vom Geist Afrikas
DG 126 Dominique Hertzer: Das alte und das neue Yijing
DG 127 Gerd Becher/Elmar Treptow: Vom Frieden der Seele
DG 128 Hanna Moog: Leben mit dem I Ging
DG 129 Hans Wolfgang Schumann: Die großen Götter Indiens
DG 130 Helmuth von Glasenapp: Die fünf Weltreligionen
DG 131 Gerardo Reichel-Dolmatoff: Das schamanische Universum
DG 132 Thomas Cleary: Zen-Geschichten
DG 133 Vanamali Gunturu: Krishnamurti
DG 134 Kornelius Hentschel: Geister, Magier und Muslime
DG 135 Konrad Dietzfelbinger: Mysterienschulen
DG 136 Matthias Dalvit: Geburts-I Ging und Astrologie
DG 137 Andreas Gruschke: Die heiligen Stätten der Tibeter
DG 138 Elvira Friedrich: Yoga
DG 139 John Bierhorst: Die Mythologie der Indianer Nordamerikas
DG 140 Die Edda

EUGEN DIEDERICHS VERLAG